Einsterns Schwester

4

Handreichungen
für den Unterricht

mit Lernstandstests
und Beobachtungsbögen

Herausgegeben von
Roland Bauer
Jutta Maurach

Erarbeitet von
Martina Schramm
Katrin Baudendistel
Daniela Dreier-Kuzuhara
Wiebke Gerstenmaier
Sonja Grimm
Annette Schumpp
Jutta Sorg

D1700226

Cornelsen

Handreichungen
für den Unterricht

mit Lernstandstests
und Beobachtungsbögen

Herausgegeben von:	Roland Bauer und Jutta Maurach
Erarbeitet von:	Martina Schramm, Katrin Baudendistel, Daniela Dreier-Kuzuhara, Wiebke Gerstenmaier, Sonja Grimm, Annette Schumpp, Jutta Sorg
Redaktion:	Martina Schramm
Illustration:	Yo Rühmer
Umschlaggestaltung:	klein & halm, Berlin
Layout und technische Umsetzung:	lernsatz.de

www.cornelsen.de

1. Auflage, 1. Druck 2012

© 2012 Cornelsen Verlag, Berlin

Druck: Druckhaus Berlin-Mitte GmbH

ISBN 978-3-06-082232-4

 Inhalt gedruckt auf säurefreiem Papier aus nachhaltiger Forstwirtschaft.

Inhaltsverzeichnis

Textquellen

S. 85 Funke, Cornelia: Hände weg von Mississippi (Ausschnitt).
Cecilie Dressler Verlag, Hamburg 1997.

S. 111 Sichelschmidt, Gustav: Lustiger Mond. Aus: Lebe glücklich, lebe froh wie der Mops … Hrsg. von G. Wiencirz.
Ars Edition, München 2007.

S. 112 Stewner, Tanya: Liliane Susewind. Mit Elefanten spricht man nicht (Ausschnitt, gekürzt).
Fischer-Taschenbuch-Verlag, Frankfurt/M. 2010.

LKV 6/1 Dumon Tak, Bibi: Das Seepferdchen. Aus: Kuckuck, Krake, Kakerlake.
Berlin Verlag, Berlin 2009.

LKV 33/2 Wolff, Wenzel: Ein Satz, den man so schreibt … Aus: Texte und Fragen Band 3.
Diesterweg, Frankfurt/M. 1977.

Vorwort

Ein Unterricht „im Gleichschritt" ist unter heutigen Lernbedingungen meist weder möglich noch sinnvoll. Daher haben wir mit dem Unterrichtswerk „Einsterns Schwester – Sprache und Lesen" ein vielfältiges Material entwickelt, das Kindern selbstständiges, individuelles Arbeiten ermöglicht und sie in ihren Kompetenzen fördert.

In Klasse 2 und 3 haben sich die Kinder bewusst mit unterschiedlichen Rechtschreibstrategien und Sprachbetrachtungen auseinandergesetzt, woran nun im vierten Schuljahr angeknüpft wird. Für uns ist es unabdingbar, dass sich die Kinder die entsprechenden Inhalte zunächst grundständig erarbeiten. Fachdidaktische und fachmethodische Gesichtspunkte stehen daher im Mittelpunkt. Die inhaltliche Arbeit orientiert sich ausschließlich an Strukturen des Fachs Deutsch, die Inhalte knüpfen nicht an Themen anderer Fächer an.

Im vierten Schuljahr stehen den Kindern vier Themenhefte zu den Arbeitsbereichen „Sprache untersuchen", „Richtig schreiben", „Texte schreiben" und „Lesen" zur Verfügung. Diese Hefte sind wie im dritten Schuljahr als Leihmaterial konzipiert. Darüber hinaus steht den Kindern ein Arbeitsheft zur Verfügung, mit dem die Inhalte der Themenhefte geübt und vertieft werden können. Das Projektheft zum Thema „Leonardo da Vinci" komplettiert das Unterrichtswerk für das 4. Schuljahr und ermöglicht den Kindern vielfältige Erfahrungen im projektorientierten Arbeiten, wobei sie wiederum individuell an Aspekten arbeiten können, die für sie wichtig sind.

Alle Materialien basieren auf langjährigen und umfassenden praktischen Unterrichtserfahrungen mehrerer Lehrerinnen mit individuellem Lernen in jahrgangsgemischten Klassen. Grundlage für die Erarbeitung und Gestaltung der vier vorliegenden Themenhefte sind breit erprobte Lernangebote im Rahmen von Stationen- und Wochenplanarbeit. Sie wurden weiterentwickelt und in eine inhaltlich zusammenhängende Form gebracht.

Die einzelnen Themenhefte sind in sich sachlogisch aufgebaut. Auch die Übungsformen folgen einer klaren Progression. Einzelne Lernportionen ermöglichen einen zeitlich überschaubaren Bearbeitungsrahmen an je einem Inhaltsaspekt für jedes einzelne Kind. Die Lernportionen der einzelnen Hefte bauen in der „Quersicht" (Lernportionen 1 untereinander, Lernportionen 2 untereinander etc.) ebenfalls aufeinander auf, ohne jedoch jeweils eine entsprechende Bearbeitung der anderen Lernportionen vorauszusetzen. Durch die Struktur und Gestaltung der Materialien in vier Themenhefte mit jeweils acht Lernportionen werden der Lehrkraft und den Kindern individuelle Gestaltungsräume und damit eine flexible Nutzung ermöglicht:

- Sie können als Lehrkraft selbst entscheiden, ob die Kinder nach einer oder mehreren Lernportionen das Themenheft wechseln.
- Die Seiten eines Bereichs (eines Themenheftes) können durchaus einzeln bearbeitet werden. (Der Erwerb einzelner Themenhefte ist möglich.)
- Den Kindern kann die selbstständige Arbeit in einzelnen oder mehreren der vier Themenbereiche ermöglicht werden, um z. B. parallel oder in größeren Zeitabschnitten ein Themenheft (z. B. das Heft „Lesen") eher gemeinsam und „gleichschrittig" zu bearbeiten.

Die Grundstrukturen (Pflicht- und Wahlseiten, Handlungshinweise etc.) sind den Kindern bereits aus vergangenen Schuljahren vertraut oder sie lernen Strukturen und Symbole in einer kurzen Einarbeitungsphase kennen. Dies ist eine notwendige Voraussetzung für die erfolgreiche, selbstständige Gestaltung des Lernprozesses. Die Erfahrungen von Lehrerinnen und Lehrern, die sich schon über einen längeren Zeitraum mit offenen Unterrichtsformen, mit der Arbeit an Stationen und mit der Arbeit auf der Basis von Wochenplänen befasst haben, zeigen, dass gerade ein derart stringent strukturiertes Vorgehen in einem klaren Rahmen die notwendige Sicherheit und Orientierung bietet. Daraus entwickeln sich individuell nutzbare Freiräume.

Wir möchten Ihnen Mut machen, sich auf diese Öffnung des Deutschunterrichts und das individuelle Lernen der Kinder einzulassen. Die Materialien zu „Einsterns Schwester" bilden den notwendigen strukturierten Rahmen dafür.

Jutta Maurach und Roland Bauer

1 Zur Konzeption von „Einsterns Schwester" – Sprache und Lesen 4

Das Unterrichtswerk „Einsterns Schwester", Sprache und Lesen, für das vierte Schuljahr ist ein Lehrwerk für offenes, individualisiertes Arbeiten im Deutschunterricht, das an die vorliegenden Materialien zu „Einsterns Schwester" vom Anfangsunterricht bis Klasse 3 anknüpft. Hauptanliegen des Werkes ist es, den Kindern und den Lehrkräften zu ermöglichen, dass alle Bereiche des Lesens und Schreibens verantwortungsvoll und kindgerecht gestaltet und erlernt werden können. Vor allem bedeutet dies, dass jedes Kind sich die Inhalte im eigenen Tempo erarbeiten kann. Dem liegt die langjährige Erfahrung und feste Überzeugung zugrunde, dass individuelle Förderung mit einem Unterricht „im Gleichschritt" nicht mehr vereinbar und bei den derzeit bestehenden Gruppen- bzw. Klassengrößen auch nicht mehr zu leisten ist.

Mit vier Themenheften erarbeiten die Kinder die Inhalte und Kompetenzen des vierten Schuljahres lehrgangsorientiert und eigenständig. Die Hefte sind nach didaktischen Bereichen gegliedert:
- Richtig schreiben,
- Sprache und Sprachgebrauch untersuchen,
- Texte schreiben,
- Lesen.

Um die Themenhefte noch flexibler einsetzen und handhaben zu können, wurden sie ab der dritten Klasse bewusst nicht mehr als Verbrauchs-, sondern als Leihmaterial angelegt. Insbesondere im Bereich „Texte schreiben" hat es sich als sehr vorteilhaft erwiesen, die Kinder die Aufgaben im Heft lösen zu lassen, weil sie hier unbegrenzt schreiben können. Blau unterlegte, begonnene Hefteinträge, die mit einem Heftsymbol gekennzeichnet sind, geben wie gewohnt weiterhin Hilfen zur Bearbeitung der Aufgaben.
Zur Vertiefung der Inhalte aus den Themenheften steht ergänzend ein Arbeitsheft als Verbrauchsmaterial zur Verfügung. Zusätzliche Differenzierungsmöglichkeiten bietet der gesonderte Band mit Kopiervorlagen.

Neben dem Arbeitsheft gibt es ein ergänzendes Projektheft zum Thema „Leonardo da Vinci", mit dem ebenfalls nach Interesse und Kompetenzstand individuell gearbeitet werden kann. Das Heft fördert Kernkompetenzen der Kinder auf sprachlicher Ebene (Texte verstehen, Texte schreiben, Texte präsentieren etc.) und im sozialen Bereich (Partner-/Gruppenarbeit). Das Thema ist für die Kinder motivierend und lässt sich facettenreich so entfalten, dass erworbene Kompetenzen aus den Themenheften angewandt und vertieft werden können.

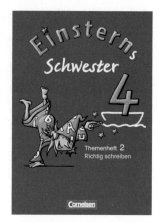

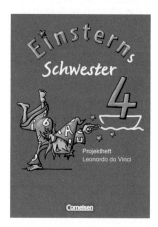

Soweit der Lernbereich „Sprechen" in einem Arbeitsheft sinnvoll angeregt und umgesetzt werden kann, wird er durch die aus vergangenen Schuljahren bekannten Aktionsbilder aufgegriffen. Darüber hinaus bietet sich im Kontext der Arbeit am Projektheft vielfach die Möglichkeit zum mündlichen Austausch.
Die Sprachinhalte werden nicht an Themen aus dem Sachunterricht oder aus dem Bereich MNK angebunden, sondern zunächst in jedem Schuljahr grundständig nach didaktisch-methodischen Gesichtspunkten erarbeitet und vertieft.

1.1 Offene Unterrichts- und Lernformen

Offene Unterrichts- und Lernformen eröffnen den notwendigen Raum für individuelles Arbeiten. Individuelles Arbeiten baut auf Eigenmotivation und Selbststeuerung des Lernenden und sichert auf diesem „indirekten" Weg den Lernerfolg des einzelnen Kindes. Offenheit heißt jedoch keineswegs Beliebigkeit und darf nicht mit unstrukturiertem Tun verwechselt werden. Je offener die Art des Arbeitens von einem Kind gestaltet wird, desto besser müssen die verwendeten Materialien strukturiert sein, um dem Kind Orientierung zu geben und grundlegende Einsichten zu ermöglichen. Gleichzeitig muss die Offenheit des Unterrichts der Lehrkraft selbst Zeit für Begleitung, Beobachtung, Beratung und damit auch für Diagnostik einräumen. Für alle Beteiligten, die Lehrkraft, die Eltern und natürlich auch die Kinder, müssen die Anforderungen, aber auch die Wege zu diesem Ziel klar abgesteckt und transparent sein. Die Beobachtungskriterien für die Lehrkraft sind im Sinne einer grundlegenden Bildung auf ein für alle Kinder gleiches Ziel gerichtet. Dieses Ziel steht im Vordergrund und ist allen Beteiligten bewusst: selbstständige Aneignung von Kenntnissen, Fähigkeiten, Fertigkeiten durch das Kind und vor allem das verständige und verstehende Können des Kindes auf der Basis bereits bekannter, erarbeiteter Strukturen. „Einsterns Schwester", Sprache und Lesen, bietet Material, mit dem die Kinder nach einer kurzen Hinführungsphase selbstständig arbeiten können. Mit Unterstützung der Lehrkraft können sie zusätzlich in der Klasse Inhalte reflektieren, bewerten, fertigen oder verbessern.

1.1.1 Individualisiertes Lernen in heterogenen Lerngruppen heute

Um den Raum für kindgerechtes Lernen zu bieten, müssen zunächst die individuellen Voraussetzungen beim Kind als Ausgangspunkt angenommen und berücksichtigt werden. Jedes Kind bringt einen individuellen Lernstand und ein bestimmtes Vorwissen mit, an das angeknüpft werden muss. Dies gilt für Kinder aus anderen Herkunftsländern ebenso wie für die, deren Erstsprache Deutsch ist. Für viele Kinder ist die deutsche Sprache nicht die erste und nicht die Familiensprache. Sie verfügen dadurch z. T. über andere sprachliche Erfahrungen und Kompetenzen als einsprachige Kinder. Den Wissens- und Lernstand nur zu akzeptieren, ist dabei zu wenig; ihn im Besonderen wahrzunehmen und den Kindern bewusst zu machen, ist im Hinblick auf einen Lernprozess unabdingbar. Dazu ist es notwendig, dass Kindern auch die Dinge, die sie bereits kennen und können, nochmals vor Augen geführt und anschaulich gemacht werden.

Das Lernen der Kinder ist so individuell wie ihre bisherige Lebensgeschichte und ihre gesamte Persönlichkeit. Je nach Temperament, Lernphase und Lerngegenstand gehen sie sehr individuell vor: Sie wählen ihren Ausgangspunkt spontan oder auch ganz gezielt, sind geleitet von Interessen oder einem definitiven Auftrag, beobachten zuerst oder probieren einfach aus, kopieren andere Kinder oder führen ihnen etwas vor. Und selbstverständlich lernen Kinder mit allen Sinnen – sie sehen, hören, handeln, „begreifen" (im wahrsten Sinne des Wortes). Um erfolgreich zu sein, sollten Kinder in ihrem individuellen Lerntempo arbeiten und fortschreiten können. Der Lernprozess ist dabei sicherlich kein linearer Verlauf, wie wir ihn gern im Unterricht hätten. Auch Lernplateaus sind wichtig, obwohl sie scheinbar momentan keine Fortschritte bringen. Hier festigen Kinder jedoch ihren Leistungsstand, genießen das Erreichte und gewinnen, falls sie die Zeit dazu erhalten, auch Lust zum Weitermachen.

Kinder lernen in ganz unterschiedlichen Sozialformen. Wenn uns das Lernen wichtig ist, müssen wir ihnen mehr Freiheit bei der Wahl einer sinnvollen Sozialform einräumen: allein etwas zu entdecken oder zu vertiefen, mit Partnern gemeinsam neue Wege zu finden, sich Fragen zu stellen, Anregungen zu geben usw. In der Gruppe können Erfahrungen ausgetauscht, Lernwege entdeckt und Optimierungen gemeinsam gefunden werden. Das natürliche Lernen der Kinder – auf individuellem Wege, voneinander und miteinander – wollen wir mit „Einsterns Schwester" ermöglichen. Daraus ergeben sich Merkmale eines kindgerechten Unterrichts mit dem Ziel der individuellen Förderung.

Kindgerechter Unterricht:

- nimmt die kindliche Lernfreude und Motivation auf und bietet gleichzeitig Sicherheit und Orientierung.
- fängt unterschiedliche Lernstände der Kinder auf und ermöglicht individuelle Zugänge zu weiteren Lernschritten. Kinder, die bereits weitergehende Kenntnisse haben, sollen ebenso Förderung und Lernmöglichkeiten erhalten wie Kinder, die noch ausgeprägte Schwächen in verschiedenen Bereichen aufweisen.

- akzeptiert, dass die Kinder unterschiedlich sind und ihre unterschiedlichen Strategien auch zunächst erproben und anwenden wollen. Dies zuzulassen, ist kindgerecht und fördert den individuellen Lernprozess.
- fördert das Lernen auch über individuelle Auswahlmöglichkeiten (Wahl- und Pflichtaufgaben) und über unterschiedliche Zugänge und Erfahrungen in visuellen, auditiven und kinästhetischen Bereichen.
- lässt unterschiedliche Lerntempi zu und unterstützt diese auch.
- lässt Raum für eigene Wege, indem er neugierig motivierten und forschenden Kindern selbsterklärend die Möglichkeit gibt, eigenständig zu arbeiten und gleichzeitig auch den Lernerfolg zu erkennen.
- gibt Kindern, die bei ihrem Lernen Hilfen benötigen, diese klar verständlich und gut strukturiert.
- ermöglicht die Arbeit in unterschiedlichen Sozialformen. Vom Plenum abgesehen, sollen die Kinder Anregungen und Möglichkeiten haben, ihr Lernen allein, mit Partnern oder auch in Kleingruppen zu gestalten.

1.1.2 Die veränderte Rolle der Lehrkraft

Der Unterricht mit „Einsterns Schwester", Sprache und Lesen, orientiert sich an den individuellen Voraussetzungen und den individuellen Lernmöglichkeiten des einzelnen Kindes. Dieses Konzept mit starker Selbst- und Eigenverantwortung der Kinder bedingt jedoch auch eine veränderte Rolle der Lehrkraft. Sie muss anregen, begleiten, beobachten, bestätigen, reflektieren und vor allem auch rückmelden – an das Kind, aber auch an die Eltern, denen diese offene Art des Unterrichts zumeist neu sein wird.

- **Anregung** erfolgt durch die Bereitstellung des Materials, z. B. eines Themenheftes aus „Einsterns Schwester", sowie durch weiteres Material, das zur Handlung anregt. Hier sei z. B. auf die Kopiervorlagen in diesen Handreichungen verwiesen (S. 113–146), die zur weiteren Differenzierung der Arbeit an den Themenseiten zur Verfügung stehen. In besonderer Weise gibt jedoch auch das Projektheft „Leonardo da Vinci" Impulse und Anregungen, die zur Vertiefung verschiedener Fragestellungen und zum differenzierten Austausch führen.

- **Begleitung** erfolgt durch Mithilfe bei der Auswahl von Seiten in den Themenheften und durch das Weitergeben von Kopiervorlagen, bei der Auswahl von Materialien, die im Klassenzimmer bereitstehen bzw. -liegen, bei der Auswahl von „Mit-arbeitern" und durch positive und aufmunternde Rückmeldungen und Bestätigungen für die Arbeit selbst, für Erfolge usw.

- **Beobachtung** geschieht auf der Grundlage verschiedener Prozesse, beim Arbeitsbeginn, bei der Auswahl von Unterlagen und Materialien, bei Lese- und Schreibvorgängen, beim Argumentieren, beim Umgang mit Mitschülern usw.

Zum Zweck der Beobachtung und Begleitung der Lernprozesse stellen diese Handreichungen ergänzend Beobachtungsbögen sowie „Bausteine für Lernstandstests" zur Absicherung der Lernstandards zur Verfügung, die angesichts der unterschiedlichen Lernstände der Kinder ein wichtiges Instrumentarium sind. Die Aufgaben der Tests sind eng an die Aufgabenstellungen im jeweiligen Themenheft angelehnt. Sie sind nicht primär dazu gedacht, Defizite aufzuzeigen, sondern sollen vielmehr den jeweiligen Lernstand des Kindes mit allem, was es zu bestimmten Schwerpunkten bereits gelernt hat, dokumentieren. Darüber hinaus bieten die „Bausteine für Lernstandstests" auch Aufgaben mit erhöhten Anforderungen, um Kindern mit besonders umfangreichem Wissen und ausgeprägten Kompetenzen die Möglichkeit zu geben, diese auch anzuwenden und zu zeigen. Diese Aufgaben müssen nicht von allen Kindern gelöst werden und können – ganz im Sinne eines „Baukastensystems" – auch weggelassen werden.

So individuell wie die Arbeit der Kinder an den verschiedenen Lernportionen ist auch der Einsatz der Lernstandstests zu verstehen. Die in diesen Handreichungen vorliegenden „Bausteine für Lernstandstests" wollen Sie als Lehrkraft dazu ermutigen, Tests nach eigenen Schwerpunkten und Wünschen zu konzipieren. So kann es z. B. sinnvoller sein, aus den angebotenen Bausteinen einen eigenen Test zu einem „Großthema" zusammenzustellen (etwa nach Bearbeitung aller Wortarten), als nach jeder einzelnen Lernportion einen kleinen Test schreiben zu lassen. Hier spielt auch der Aspekt der Nachhaltigkeit und Sicherung der Lernergebnisse eine wichtige Rolle. Es kann sinnvoller sein, einen Test von den Kindern erst schreiben zu lassen, nachdem z. B. in allen Themenheften die Lernportion 1 bearbeitet wurde.

Generell muss nochmals betont werden, dass der Förderbegriff, der „Einsterns Schwester" zugrunde liegt, kein defizitorientierter ist, denn es wird versucht, beim Lernen selbst möglichst alle „Fördermaßnahmen" bereits zu berücksichtigen.

Achten Sie jedoch nicht nur auf die Schreibergebnisse der Kinder! Kurzes Hinsehen auf das Blatt, fast im Vorbeigehen, ist oft nur auf das Ergebnis (und leider oft auch nur auf Fehlersuche) ausgerichtet. Während die Kinder selbstständig arbeiten, müssen Sie sich immer wieder zu den Kindern setzen, sie beobachten, sie zum lauten Denken und natürlich auch zum Reden anregen, zurückfragen, Fragen provozieren, dann erfahren Sie etwas über die Denk- und Arbeitsweisen eines Kindes. Sich dafür Zeit zu nehmen, ist unabdingbar und nur möglich, wenn die Kinder während dieser Zeit wirklich allein arbeiten. Sich dabei mal umzusehen und festzustellen, was die anderen Kinder währenddessen allein, miteinander und voneinander lernen, tut gut und gibt selbst neuen Mut! Dasselbe gilt auch für das Wahrnehmen der Lautstärke: Beobachten Sie die Kinder, über was sie sich unterhalten, und bedenken Sie erst dann die evtl. als zu stark wahrgenommene Lautstärke neu.

Bestätigen Sie so oft es geht auch kleine Schritte im Lernprozess und bitte nicht nur richtige Lösungen oder Ergebnisse! Bestätigung baut auf, stachelt an und schafft Selbstvertrauen, was beim selbstständigen Arbeiten eine notwendige Grundvoraussetzung ist. Reflektieren Sie für sich gemachte Beobachtungen und gemeinsam mit den Kindern deren Arbeit, ihre Lernschritte, ihre Lösungsstrategien usw. Anstoß zu einer Reflexion sind Formulierungen wie:
- „Ich habe es so gemacht/geschrieben, weil … .“
- „Ich habe zuerst … gemacht, da …“
- „Mir gelingt … gut/nicht so gut/, weil … .“
- „Mir fällt … schwer/ gar nicht schwer, denn … .“
- „Ich habe mit … zusammengearbeitet, weil … .“

Geben Sie Rückmeldung über das, was Sie beobachten, was Ihnen auffällt, was Sie an Unterschieden feststellen usw. – und werten Sie nicht sofort. Dazu zählt, wie Sie die Arbeitsleistung einschätzen, was Ihnen gefällt, was Sie beunruhigt, wie toll Sie einen Gedanken und eine Äußerung finden, wie gut jemand zuhören kann usw. Wenn etwas gelungen ist, sollte es nicht nur mit „gut“ bewertet werden, sondern eindeutig formuliert sein, was genau gut ist. Weitere Formulierungen könnten sein:
- „Achte noch mehr auf …“
- „Versuche …“
- „Probiere …“
- „Findest du selbst den Fehler?“

Außerdem gehört dazu, dass Sie die bearbeiteten Seiten der Themenhefte bzw. die Arbeitsergebnisse auch ansehen, wertschätzen, auf Korrekturbedarf aufmerksam machen, Hilfssituationen erkennen und anbieten und die Kinder vor allem bereits während des Lernprozesses auf die „richtige Spur bringen“ und nicht erst nach der Feststellung, dass jemand etwas doch noch nicht kann. Bei allen Gedanken und allem Tun bedenken Sie bitte: Grundlagenbildung benötigt Zeit und unterschiedliche Wege, für jedes Kind seine individuelle Zeit und seine individuellen Wege! Haben Sie bitte Geduld mit sich und den Kindern! So wie wir bei Kleinkindern akzeptieren, dass sie zu unterschiedlichen Zeiten das selbstständige Laufen lernen, so sollten wir ihnen auch hier ihre unterschiedlichen Leselernzeiten und Schreiblernzeiten zugestehen. Man merkt bei einem älteren Kind später nicht mehr, wann es anfing, erste Schritte zu gehen.

1.1.3 Zusammenarbeit mit den Eltern

Viele Eltern kennen die Schule und den Unterricht aus ihrer eigenen Schulzeit in der Regel noch sehr lehrerzentriert. Sie können sich kaum oder nur wenig vorstellen, dass die Kinder bei entsprechender Begleitung und entsprechenden Materialien allein und mit anderen vieles selbst entdecken und lernen können. Haben die Eltern im Verlauf der vergangenen Schuljahre gute Erfahrungen mit dieser „neuen Form“ des Unterrichts und dem Lehrwerk „Einsterns Schwester“ machen können, ist es ein Leichtes, daran anzuknüpfen und darauf hinzuweisen, dass bekannte Elemente aus „Einsterns Schwester“ 2 und 3 im Material für die vierte Klasse aufgegriffen werden und so eine Verbindung zwischen den Schuljahren hergestellt wird.

Möglicherweise gibt es aber noch einige Fragen und Unsicherheiten, für die anlässlich eines Elternabends genügend Zeit eingeplant werden sollte. Gerade hinsichtlich der Rechtschreibung sind Eltern oft besorgt, ob diese hinreichend geübt und erlernt wird – gerade auch im Hinblick auf die weiterführende Schule. Die Eltern werden also weitergehende Informationen begrüßen und gern annehmen. Üblicherweise erfolgt diese Information bei einem Elternabend vor allem mündlich und im Vortragsstil. Es ist jedoch empfehlenswert, ergänzend über Bilder oder einen kurzen (vielleicht eigenen) Film Einblicke in den veränderten Unterricht zu geben. Die Lernstationen zur Elternarbeit, die bei Einstern angeboten werden, sind hier auch gut einsetzbar. Neben einem Film können z. B. fünf Bereiche als Plakate oder Infomaterial zur Verfügung gestellt werden.

Information über:
- das Material, das selbstständiges Arbeiten und Lernen der Kinder ermöglicht,

- die Art und Weise, wie durch das Vorgehen bei den Kindern Grundlagen gesichert werden,
- die vorhandenen Möglichkeiten, die den Kindern, der Lehrkraft und den Eltern eine Übersicht ermöglichen,
- die Art des Arbeitens und des Bewusstmachens, die die notwendigen sachlichen Grundlagen sichert,
- die veränderte Rolle der Lehrkraft im Unterricht.

Falls Sie hier selbst etwas zusammenstellen wollen, können Sie sich gern an den Materialien orientieren, die im Internet zu „Einstern" als Download zur Verfügung stehen: www.cornelsen-Einstern.de

1.1.4 Die Bedeutung eines klar strukturierten, differenzierenden Unterrichtsmaterials in einem individualisierenden Unterricht

In einem eher gleichschrittigen Unterricht ist es eine zentrale Aufgabe der Lehrkraft, die notwendigen Strukturen aufzuzeigen und bei den durch sie gesteuerten Aufgabenstellungen fachdidaktische Gesichtspunkte zu verwirklichen. Beim individuellen Arbei-

ten der einzelnen Kinder ist dies höchstens noch für eine Gruppengröße von maximal zehn bis zwölf Kindern möglich. Für diese Kinder könnte eine Lehrkraft mit viel Organisationsgeschick das individuelle Arbeiten jedes Kindes vielleicht noch steuern. Bei größeren Lerngruppen und der trotzdem gewünschten Offenheit und Individualität muss diese Aufgabe in weiten Bereichen vom Material übernommen werden. Mit anderen Worten: Je offener die Arbeitsform, desto klarer und strukturierter muss das Material sein, um Selbstständigkeit zu ermöglichen. Die immanenten Strukturen des Materials müssen so klar sein, dass sie von den Kindern leicht erkannt werden können. Gleichzeitig müssen die Materialien ein hohes Maß an Differenzierungsmöglichkeiten bieten sowie fachwissenschaftlichen und fachdidaktischen Grundsätzen entsprechen. All dies ist bei den Themenheften „Einsterns Schwester", Sprache und Lesen, gegeben.

Die Erarbeitung der einzelnen Bereiche erfolgt in jedem Themenheft kleinschrittig und selbsterklärend. Jedes Heft ist in acht „Lernportionen" unterteilt, die

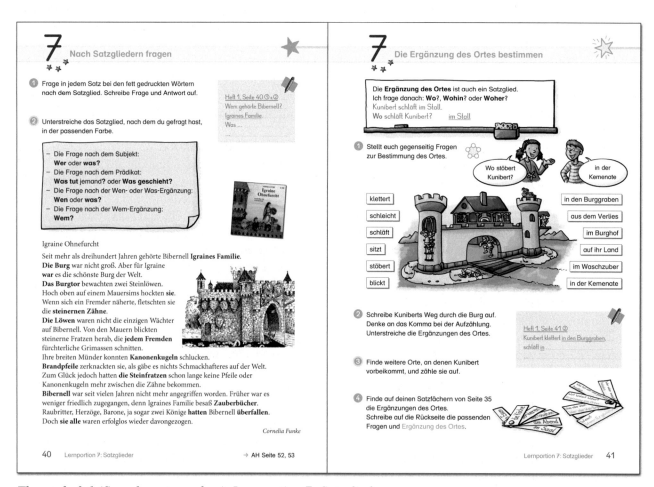

Themenheft 1 (Sprache untersuchen), Lernportion 7: Satzglieder

wiederum in einzelne Seitenschwerpunkte gegliedert sind. Jede Seite konzentriert sich auf nur einen Lernschwerpunkt, wodurch die Kinder stets den Überblick behalten können. Die sehr klare, durch Wiederholungen geprägte Struktur der Heftseiten ist eine wesentliche Voraussetzung für offene Unterrichts- und Lernformen: Die Kinder können selbstständig in ihrem individuellen Tempo und gemäß ihrem Lernstand arbeiten, denn mithilfe der Arbeitsanweisungen und vorgegebenen Beispiele können sie die Aufgabenstellungen selbstständig erfassen und umsetzen. Jede Lernportion enthält mindestens eine Differenzierungsseite.

Pflicht- und Wahlaufgaben werden durch Symbole gekennzeichnet. Arbeitstechniken wie z. B. Texte abschreiben oder Nachschlagen werden zunächst eingeführt und dann immer wieder sinnvoll integriert. Dadurch wird ein geballter Block mit Arbeitstechniken vermieden.

1.2 Kompetenzaufbau mit „Einsterns Schwester", Sprache und Lesen 4

Seit dem Schuljahr 2005/06 sind Bildungsstandards im Fach Deutsch für den Primarbereich verbindlich in allen Ländern eingeführt. Die Standards legen auf der Ebene der Sach- und Methodenkompetenz fest, welche Leistungen von einem Kind am Ende der Jahrgangsstufe 4 in Kernbereichen des Faches Deutsch in der Regel erwartet werden. Fokussiert werden zentrale fachliche Zielsetzungen, wiewohl Aspekte der Förderung der personalen und sozialen Kompetenzen gleichermaßen unverzichtbarer Bestandteil grundlegender Bildung in der Grundschule sind.

Das Unterrichtswerk „Einsterns Schwester", Sprache und Lesen, greift die Zielsetzungen der Bildungspläne auf und fördert die sprachlichen Kompetenzen der Schülerinnen und Schüler in den Bereichen

- Sprechen und Zuhören,
- Schreiben / Richtig schreiben,
- Lesen und Umgehen mit Texten und Medien sowie
- Untersuchen von Sprache und Sprachgebrauch.

Den Kindern stehen vier Themenhefte zur Verfügung, die nach den didaktischen Bereichen gegliedert sind:

- Themenheft 1: Sprache untersuchen,
- Themenheft 2: Richtig schreiben,
- Themenheft 3: Texte schreiben,
- Themenheft 4: Lesen.

Das ergänzende Arbeitsheft bietet zu jeder Lernportion der Themenhefte zusätzliche Übungsmöglichkeiten.

Der Bereich „Sprechen und Zuhören" wird weitgehend außerhalb der Themenhefte berücksichtigt. Bei der Konzeption von Sprachunterricht, die „Einsterns Schwester" zugrunde liegt, sprechen und diskutieren die Kinder intensiv miteinander, ob in der Partner- und Gruppenarbeit oder in verschiedenen Plenumsphasen. Sie kommunizieren ihre Denk- und Lernwege, Überlegungen und Schlussfolgerungen und verbalisieren ebenso, an welchen Stellen sie Schwierigkeiten haben oder sie nicht weiterkommen. In diesem Zusammenhang lernen sie auch, aktiv zuzuhören, Einwände anderer zu berücksichtigen, Kritik anzunehmen oder Fragen zu stellen. Das Thema „Eine Diskussion über einen Text führen" wird zum Ende des Themenheftes 4 behandelt.

Im Beobachten der vielschichtigen Schülerkommunikation erfährt die Lehrkraft sehr viel über das Denk- und Sprachvermögen der Kinder und kann sie entsprechend bestärken und fördern.

Auch im Rechtschreibunterricht berücksichtigt „Einsterns Schwester" die individuellen Lernvoraussetzungen und Kompetenzen der Kinder und gibt ihnen durch vielfältige Schreibaufgaben die Möglichkeit, nach ihren Möglichkeiten Rechtschreiberfahrungen zu machen. Auch spielerische, kreative Übungsformen spielen dabei eine große Rolle. Rechtschreibunterricht mit „Einsterns Schwester" steht unter der Prämisse, dass er für die Kinder bedeutsam sein muss. Er geht deshalb von ihrer Lebenswirklichkeit, von ihrem aktiven und passiven Wortschatz aus und erweitert diesen schrittweise. Die Verantwortung für den Prozess des Richtig-Schreiben-Lernens liegt nicht allein bei der Lehrkraft. Die Schülerinnen und Schüler entscheiden mit, welche Wörter für sie wichtig sind und auf welche Weise sie diese erarbeiten und üben wollen. Rechtschreibunterricht muss deshalb ein Repertoire an Übungsformen erarbeiten, das möglichst allen Kindern einen ihnen hilfreichen Zugang zur Rechtschreibung aufzeigt. Dabei spielen auch Elemente der FRESCH-Methode (Freiburger Rechtschreibschule) eine wesentliche Rolle.

Die FRESCH-Methode, die von Lehrkräften und Psychologen entwickelt wurde, misst der Arbeit mit Silben eine große Bedeutung zu. Durch rhythmisch-melodisches Sprechschwingen der Wörter in Silben bei gleichzeitigem Bewegen dazu im Raum (Der rechte Fuß beginnt, der linke rückt nach, die Schreibhand führt bei jeder Bewegung einen tiefen Girlandenbogen aus.) wird zunächst der Zugang zur Schriftsprache gefördert. Durch die Verlangsamung und Rhythmisierung der Sprache wird der Verarbeitungsvorgang (Laute hören und als Buchstabenfolge schreiben) erleichtert. Im Zusammenwirken von Hören, Sehen, Hand- und Körperbewegung können Sprechen und Schreiben optimiert werden. Vertauschungen von Buchstaben oder Auslassungen kommen auf diese Weise beim Schreiben viel seltener vor. Die Kernkompetenz im Schriftspracherwerb ist die Vermittlung von Rechtschreibbewusstsein. Mehr als die Hälfte der grundschulrelevanten Wörter können die Kinder bereits richtig schreiben, wenn Sprechschwingen und Sprechschreiben für sie zur Gewohnheit werden. Ein Großteil weiterer Wörter kann durch das Anwenden von Rechtschreibstrategien richtig geschrieben werden. Es bleibt ein kleiner Teil von Wörtern übrig, die als „Merkwörter" nicht durch Strategien abgedeckt werden und die gesondert auf vielfältige Weise geübt werden müssen, wozu die Materialien zu „Einsterns Schwester" im Themen- und Arbeitsheft viele Übungen anbieten.

„Einsterns Schwester" arbeitet analog zur FRESCH-Methode mit folgenden vier Symbolen:

ᔓ Sprechschwingen, Sprechschreiben
↪ Weiterschwingen, Verlängern
✐ Ableiten von Wörtern
M Merkwörter

Die Einteilung des grundschulrelevanten Wortschatzes stellt sich folgendermaßen dar:

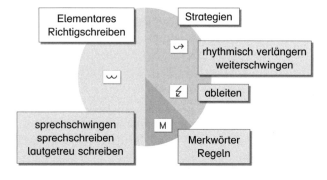

Demnach ist etwa die Hälfte der Wörter lautgetreu, d. h. die Wörter werden so geschrieben wie sie gesprochen werden.

Über das Verlängern erschließen sich die Kinder die Schreibweise von Wörtern bei:
- Auslautverhärtung am Wortende *(klug, Wind, gelb)*,
- Konsonantenverdoppelung am Wortende *(schnell, Blitz, Rock)*,
- Auslautverhärtung oder Konsonantenverdoppelung in der Verbform *(legt, rennt, schickt)*,
- Auslautverhärtung oder Konsonantenverdoppelung am Wortstammende *(Zeugnis, essbar)*,

- zusammengesetzten Nomen *(Schwimmunterricht)*,
- Verben mit ng und nk *(sie springt, er denkt)*.

Über die Strategie „Ableiten" ermitteln die Kinder die Schreibweise von Wörtern bei:
- Lautähnlichkeit von *e* und *ä (Bänke, trägt)*,
- Lautgleichheit von *eu* und *äu (Bäume, träumt)*,
Dabei begreifen die Kinder den Vokal *e* in seiner unterschiedlichen Lautbildung bzw. den Doppelvokal *eu* stets als lautgetreu.

Der restliche Teil der Wörter sind Merkwörter, die in Klasse 4 nach folgenden Schwerpunkten geübt werden:
- Wörter mit *ai*,
- Wörter mit *äh, öh, üh*,
- Wörter mit *Y/y*,
- kleine Wörter.

Die Kinder werden parallel dazu behutsam an ein Regelverständnis herangeführt. Sie reflektieren z. B.:
- die Großschreibung von Nominalisierungen,
- den unterschiedlichen Gebrauch von „das" und „dass".
Die Schülerinnen und Schüler entwickeln so nach und nach sicheres Rechtschreibgespür und bauen ein fundiertes Rechtschreibwissen auf, das sie auch beim Verfassen eigener Texte oder beim Überprüfen von Texten anderer Kinder nutzen können. Sie nutzen auch intensiv das Nachschlagen von Wörtern in Wörterbüchern als eine gute und legitime Strategie, um sich hinsichtlich der Rechtschreibung von Wörtern zu vergewissern und somit Rechtschreibkompetenz aufzubauen.

Schreiben ist jedoch nicht nur Rechtschreibung. Die Kinder erhalten auch viele Gelegenheiten, das flüssige Schreiben zu trainieren und sie erfahren mit „Einsterns Schwester" den kommunikativen Wert der Schrift. In diesem Zusammenhang sind auch die Aktionsbilder zu verstehen, die viele handlungsorientierte Anregungen enthalten, die in Einzel-, Partner- oder Gruppenarbeit umgesetzt werden können.

Im Bereich „Texte schreiben" werden die Kinder zum Verfassen unterschiedlichster Textsorten angeregt und angeleitet (Briefe, Berichte, Erlebnis- und Fantasiegeschichten, Gegenstandsbeschreibungen, Suchanzeigen, Spielanleitungen etc.). Sie nutzen Verfahren, mit denen sie Schreibideen entwickeln können, und verwenden diese für unterschiedliche Schreibintentionen. Die Kinder üben sich im adressatengerechten Schreiben und erhalten zahlreiche Stil- und

Strukturierungshilfen. Dabei spielt immer auch das kriterienbezogene Überarbeiten eigener Texte eine wichtige Rolle. Die Kinder erfahren auf vielfältige Weise, dass Texte einer unterschiedlichen Funktionalität unterliegen, dass sie adressatengerecht und verständlich verfasst sein müssen, um ihre volle Wirkung zu entfalten. Die Themenheftseiten geben viele Beispieltexte vor, die bei eigenen Schreibversuchen der Orientierung dienen. Das Themenheft „Texte schreiben" bietet den Kindern zum Schluss die Möglichkeit, weitere Erfahrungen mit dem Schreiben von Analoggedichten zu machen.

Anknüpfend an die mit Hilfe von „Einsterns Schwester" 1–3 in konsequent linearer Progression entwickelten Lesekompetenzen können die Kinder im vierten Schuljahr ihre Lese- und Verstehensfähigkeiten auf verschiedenen Kompetenzniveaus weiterentwickeln. Die Texte im Themenheft „Lesen" fördern gezielt Lesetechniken und Lesestrategien, sie bieten aber zugleich immer – was entscheidend ist – Texte, die Kindern Freude machen und somit auch zum genießenden Lesen führen. Die Kinder erfahren, dass es sich lohnt, sich der „Mühe", die das Lesen manchmal bedeuten kann, zu unterziehen, weil Texte eine Auseinandersetzung mit der Welt anstoßen, weil sie das Weltwissen erweitern können oder sie einfach Spaß machen. Sie begegnen zudem einer Vielzahl verschiedener Textsorten, die die Vielfalt unserer Sprache widerspiegeln: Fabeln, Sagen, Gedichten mit und ohne Reim, Artikeln aus Zeitungen und Zeitschriften, Kinderbüchern, informierenden Texten etc. Auch diskontinuierliche Texte sind im Themenheft zu finden, z.B. Diagramme. Die Kinder sind gefordert, den Texten Inhalte zu entnehmen, wobei ihnen Hilfen und Strategien an die Hand gegeben werden (genau lesen, wichtige Wörter in einem Text ermitteln, Absätzen Überschriften zuordnen etc.). Zugleich werden sie jedoch dazu angeregt, mit den Texten pro-
duktiv und handlungsorientiert umzugehen. Nicht zuletzt regen die Texte auch dazu an, sich mündlich über sie zu verständigen, sich über Eindrücke, Erfahrungen und Gefühle, die im Zusammenhang mit dem Text auftreten können, auszutauschen.

Für den Bereich „Sprache und Sprachgebrauch untersuchen" steht den Kindern das Themenheft 1 zur Verfügung. Anknüpfend an ihre bisherigen Spracherfahrungen entwickeln die Kinder ihr Sprachgefühl weiter und lernen, Sprache weitergehend zu reflektieren. Grundlegende sprachliche Strukturen und Begriffe werden erarbeitet und vertieft (die Wortarten Nomen, Verben, Adjektive, Pronomen; Einzahl und Mehrzahl, Wortstamm, Endung, Zeitformen von Verben, zusammengesetzte Adjektive, Satzarten und Satzzeichen, wörtliche Rede, Satzglieder in Form von Subjekt, Prädikat, Dativ- und Akkusativobjekt sowie Ergänzungen des Ortes und der Zeit). Darüber hinaus ist auch das Thema „Redensarten" in das Themenheft aufgenommen worden. Dieses vermittelt Aspekte unserer Sprache auf spielerische Weise.

1.2.1 Übersicht über die Kompetenzbereiche der Bildungsstandards für den Primarbereich und Beispiele ihrer Umsetzung in „Einsterns Schwester" für Klasse 4

Kompetenzbereiche	gewünschte Kompetenzen	beispielhafte Seiten aus „Einsterns Schwester" 4
Schreiben		
über Schreibfertigkeiten verfügen	– eine gut lesbare Handschrift flüssig schreiben – Texte zweckmäßig und übersichtlich gestalten	– Heft 1, 2, 3, 4 – Heft 2, S. 11, 13, 33, 37 – Heft 3, S. 6, 10, 13, 19, 22, 39

Kompetenzbereiche	gewünschte Kompetenzen	beispielhafte Seiten aus „Einsterns Schwester" 4
richtig schreiben	– geübte, rechtschreibwichtige Wörter normgerecht schreiben	– Heft 2
	– Rechtschreibstrategien verwenden: Mitsprechen, Ableiten, Verlängern	– Heft 2, S. 10–12, 20–24, 31, 39–43
	– Zeichensetzung beachten: Punkt, Fragezeichen, Ausrufezeichen, Komma	– Heft 1, S. 14–15, 34
	– Zeichen bei wörtlicher Rede	– Heft 1, S. 31–33
	– über Fehlersensibilität und Rechtschreibgespür verfügen	– Heft 2
	– Rechtschreibhilfen verwenden – Wörterbuch	– Heft 2, S. 6–9, 28
	– Arbeitstechniken nutzen	– Heft 2, S. 6, 10–11, 15–19, 21, 26–27
Texte verfassen		
Texte planen	– Schreibabsicht, Schreibsituation, Adressaten und Verwendungszusammenhang klären	– Heft 3, S. 9–11, 19, 22–23, 29
	– sprachliche und gestalterische Mittel und Ideen sammeln: Wörter und Wortfelder, Formulierungen und Textmodelle	– Heft 3, S. 5, 9, 10–11, 15, 18–19, 21, 37–39
Texte schreiben	– verständlich, strukturiert, adressaten- und funktionsgerecht schreiben	– Heft 3, 10–12, 20, 22, 26, 30, 32, 35
	– Lernergebnisse geordnet festhalten und auch für eine Veröffentlichung verwenden	– Heft 3, S. 7, 13, 15, 19, 35
	– nach Anregungen (Texten, Bildern, Musik) eigene Texte schreiben	– Heft 3, S. 5, 7, 10, 11, 18–19, 22, 29, 31
Texte überarbeiten	– Texte auf Verständlichkeit und Wirkung hin überprüfen	– Heft 3, S. 13, 23, 27, 34
	– Texte in Bezug auf die äußere und sprachliche Gestaltung optimieren	– Heft 3, S. 5, 6, 23, 30, 34
Lesen – mit Texten und Medien umgehen		
über Lesefähigkeiten verfügen	– altersgemäße Texte sinnverstehend lesen	– Heft 4
	– lebendige Vorstellungen beim Lesen und Hören literarischer Texte entwickeln	– Heft 4, S. 8, 26–31, 35, 39–50
über Leseerfahrungen verfügen	– verschiedene Sorten von Sach- und Gebrauchstexten kennen	– Heft 4, S. 12–18, 20, 23, 32–33, 34
	– Erzähltexte, lyrische und szenische Texte kennen und unterscheiden	– Heft 4, S. 26–31, 37, 40
	– Kinderliteratur kennen: Werke, Autoren und Autorinnen, Figuren, Handlungen	– Heft 4, S. 32–38

Kompetenzbereiche	gewünschte Kompetenzen	beispielhafte Seiten aus „Einsterns Schwester" 4
Texte erschließen	– gezielt einzelne Informationen suchen – Texte genau lesen	– Heft 4, S. 11, 12–13, 14–15, 18, 23 – Heft 4, S. 5–10
	– eigene Gedanken zu Texten entwickeln, zu Texten Stellung nehmen, mit anderen über Texte sprechen	– Heft 4, S. 30, 31, 48–52
	– bei der Beschäftigung mit literarischen Texten Sensibilität und Verständnis für Gedanken und Gefühle und zwischenmenschliche Beziehungen zeigen	– Heft 4, S. 48–52
	– Unterschiede und Gemeinsamkeiten von Texten finden	– Heft 3, S. 13, 17, 23; Heft 4, S. 44
	– handelnd mit Texten umgehen, z. B. illustrieren, inszenieren, umgestalten, collagieren	– Heft 1, S. 47; Heft 4, S. 8, 31, 40, 41, 42–43, 45
Texte präsentieren	– Geschichten, Gedichte, Dialoge vortragen, auch auswendig	– Heft 4, S. 31, 39, 40, 41, 45, 47
	– ein Kinderbuch selbst auswählen und vorstellen	– Heft 4, S. 34–35

Sprache und Sprachgebrauch untersuchen

an Wörtern, Sätzen und Texten arbeiten	– Wörter strukturieren und Möglichkeiten der Wortbildung kennen	– Heft 1, S. 7, 16, 22, 24
	– sprachliche Operationen nutzen: umstellen, ersetzen, ergänzen, weglassen	– Heft 1, S. 9, 24, 35–37, 43
	– mit Sprache experimentell und spielerisch umgehen	– Heft 1, S. 44–47; Heft 4, S. 10, 31, 47
grundlegende sprachliche Strukturen und Begriffe kennen und verwenden	– Silbe, Alphabet	– Heft 2, S. 5–14
	– Wortstamm und Wortfamilie	– Heft 2, S. 7, 40
	– Nomen, Einzahl und Mehrzahl	– Heft 1, S. 5–12; Heft 2, S. 5–6
	– Pronomen	– Heft 1, S. 9
	– Verb	– Heft 1, S. 5–21
	– Artikel (bestimmter und unbestimmter Artikel)	– Heft 1, S. 5
	– Adjektive und ihre Vergleichsstufen	– Heft 1, S. 22–25
	– Satzarten und Satzzeichen	– Heft 1, S. 14–15
	– wörtliche Rede	– Heft 1, S. 31–33
	– Satzglieder (Subjekt, Prädikat, Ergänzungen)	– Heft 1, S. 35–43
	– Vergangenheit, Gegenwart, Zukunft	– Heft 1, S. 17–21

1.3 Gliederung und grundsätzliche strukturelle Merkmale der Themenhefte

Die vier Themenhefte im Schuber sind für Klasse 3 und 4 als Leihmaterial für den mehrjährigen Gebrauch konzipiert, es wird also nicht in die Hefte hineingeschrieben, sondern jedes Kind führt ein eigenes Schreibheft. Gleichwohl finden sich auf jeder Seite Lösungsbeispiele für die Schreibaufgaben im Heft, um den Kindern die Bearbeitung der Aufgaben zu erleichtern.

Zusätzlich gibt es ein Projektheft zum Thema „Leonardo da Vinci", in dem die Kinder in verschiedenen Arbeits- und Sozialformen interessenorientiert Sachaspekte erarbeiten und gleichzeitig Inhalte der Themenhefte anwenden und vertiefen können. Ein ergänzendes Arbeitsheft bietet zusätzliche Übungsmöglichkeiten, die eine Vielzahl von Methoden und Differenzierungsaufgaben berücksichtigen. Auf die jeweils passende Übungsseite im Arbeitsheft wird auf den Themenseiten mit den entsprechenden Seitenzahlen verwiesen.

Das Inhaltsverzeichnis am Anfang jedes Heftes bietet einen Gesamtüberblick über die Lernportionen und inhaltliche Schwerpunkte und erklärt den Kindern, Eltern und Lehrkräften über die entsprechenden Piktogramme die Anforderungen der einzelnen Seiten. Die in jedem Heft verwendeten Arbeitssymbole sind nochmals auf der inneren Umschlagseite abgedruckt und werden dort erläutert. Unterschiedliche Sternsymbole am oberen Seitenrand kennzeichnen Pflicht- und Wahlseiten.

 *Pflichtseite*

Wahlseiten (blinkender Umrissstern) ergänzen die Pflichtseiten über veränderte und zusätzliche Übungen und Vertiefungen. Sie bieten schnell arbeitenden Kindern zusätzliche Arbeitsmöglichkeiten und Kindern, die sich noch nicht sicher sind, zusätzliche Übungs- und Vertiefungsmöglichkeiten, da meist bereits Gelerntes auf andere Formen übertragen wird.

 *Wahlseite*

Zusätzlich werden auf den Seiten Aufgaben mit unterschiedlichen Anforderungsniveaus ausgewiesen.

❶ *wiedergeben*

❶ *übertragen*

❶ *selbst entwickeln, begründen*

Auf der Seite 4 jedes Themenheftes wird das Prinzip der Lernportionen in einfachen Worten erklärt. Jedes Heft ist in acht Lernportionen unterteilt, die nach einem einfachen Rotationsprinzip erarbeitet werden: Auf die Erarbeitung der Lernportion 1 in allen vier Heften erfolgt die Erarbeitung der Lernportion 2 usw. So wird einerseits ein sinnvoller Wechsel zwischen den Lernbereichen gewährleistet und andererseits eine nach Lernbereichen aufgeteilte inhaltliche Arbeit ermöglicht.

Die Beschränkung auf einen Lernschwerpunkt pro Seite garantiert eine übersichtliche Struktur aller Inhalte. Alle Hefte basieren auf einem einheitlichen Layout, das durch Klarheit und Offenheit besticht; dies gilt auch für die gewählte Typografie, die eine Weiterführung aus den vergangenen Schuljahren dargestellt. Die Arbeitsanweisungen sind konsequent so gestaltet und formuliert, dass die Kinder die Aufgaben eigenständig bewältigen können. Dem eigenstän-

---

So arbeite ich mit dem Satzfächer:

1. Ich übertrage jedes Satzglied auf einen Papierstreifen.
2. Ich verbinde diese Papierstreifen zu einem Fächer.
3. Ich verschiebe die Satzglieder zu einem sinnvollen Satz und schreibe ihn auf.
4. Ich verschiebe die Satzglieder mehrmals und finde weitere Sätze.

„Tipp-Kasten" zum Arbeiten mit dem Satzfächer

digen Arbeiten dienen auch Wiederholungen bei den Formulierungen der Arbeitsaufträge. Die Lösung einer Musteraufgabe ist jeweils in Blau gestaltet und unterstützt zusätzlich das Verstehen des Arbeitsauftrages.

Regeln und Merksätze stehen immer oben auf den Seiten und haben dadurch eine exponierte Stellung, die den Kindern schon aus den vergangenen Schuljahren vertraut sind. Sie sind als Tafelanschrieb dargestellt. Arbeitstechniken werden Schritt für Schritt vorgestellt und intensiv geübt. Regel- und Merkkästen werden durch „Tipp-Kästen" ergänzt.

Die „Aktionsbilder", die jeweils mit dem Handsymbol gekennzeichnet sind, enthalten viele Ideen zum aktiven Sprachhandeln, die die Kinder allein oder mit einem Partner/einer Partnerin umsetzen können. Hier finden sich Anregungen zum mündlichen und schriftlichen Sprachhandeln, die oft einen spielerischen und kreativen Charakter haben.

„Aktionsbild" aus Themenheft 1, Sprache untersuchen; Alle Aktionsbilder sind mit dem Handsymbol gekennzeichnet.

Ein wichtiges Element in den vier Themenheften ist darüber hinaus die Tutor-Figur Lola, „Einsterns Schwester". Sie begleitet die Kinder bei ihrem individuellen Lernen und hilft ihnen, indem sie vielfältige Tipps und Hinweise gibt. Die Tutor-Figur, die die Kinder aus den vergangenen Schuljahren bereits kennen, hat nicht zuletzt auch deshalb einen hohen Motivationscharakter, weil sie sehr sympathisch gezeichnet ist. Dies gilt im Übrigen für die gesamte Illustration der Hefte, die aus der Feder der Illustratorin Yo Rühmer stammt.

Im Themenheft 2 („Richtig schreiben") werden unten auf den Seiten Übungswörter ausgewiesen, die auf der jeweils bearbeiteten Seite vorkommen. Die Wörter entstammen weitestgehend dem Naumannschen Grundwortschatz und können von den Kindern zu Übungszwecken beispielsweise in ein Heft geschrieben werden. Denkbar sind auch andere Übungsformen wie z.B. die Wörter auf Kärtchen schreiben und

als Partner- oder Dosendiktat üben, ein Merkwörterheft oder eine Rechtschreibkartei anlegen usw.

die Batterie
das Brillenetui
der Föhn
der Irrtum
der/das Joghurt
die Liga

Beispiel für Übungswörter aus dem Themenheft 2, „Richtig schreiben"

Die Differenzierungsseiten mit dem „offenen Stern" bieten keine Übungswörter an, da wir davon ausgehen, dass diese nicht zum verbindlichen Übungspensum für alle Kinder gehören.

Bei den Schreibaufgaben, die mit dem entsprechenden blauen Heftsymbol gekennzeichnet sind, können die Kinder sich eng an die Vorgaben halten und den Schreibantritt weiterführen. Differenzierend ist jedoch auch intendiert, dass die Kinder selbstständig z.B. Wörter und Sätze ergänzen. Wichtig ist, dass die Kinder lernen, ein individuelles Schreibheft sorgfältig zu führen. Zu jeder Aufgabe, die sie in ihrem Heft bearbeiten, notieren sie das Datum und als unterstrichene Überschrift jeweils die Themenheftnummer und die Seite, auf die sich die Übung bezieht. Gerade bei sehr individuellem Arbeiten der Kinder ist es wichtig, sich von Anfang an an diese Formalitäten zu gewöhnen, da die Kontrolle der Arbeitsergebnisse der Kinder ansonsten erschwert sein kann.

1.3.1 Die individuelle Arbeit der Kinder mit den Themenheften

Das Besondere an den vier Themenheften bzw. dem gesamten Material ist, dass es für die selbstständige Arbeit der Kinder besonders geeignet ist. In der Praxis finden sich sicher vielfältige Anwendungen und Ausprägungsformen mit unterschiedlich großem Maß an Offenheit. Die Lehrkraft muss zunächst selbst entscheiden, wie viel und was sie diesbezüglich zulassen kann und will. Viele Faktoren liegen dem entsprechenden Entscheidungsprozess zugrunde: Klassengröße, Zusammensetzung der Klasse, Anteil der Kinder aus anderen Herkunftsländern, bisher von den Kindern praktizierte Arbeitsweisen – auch das persönliche Temperament der Lehrkraft und ihre individuellen Vorstellungen von Unterricht spielen natürlich eine zentrale Rolle.

Wir sind davon überzeugt, dass die Kinder sich mit Hilfe der Hefte für die Klasse 4, die ja sehr stringent und strukturiert konzipiert sind, selbstständig Lerninhalte aneignen können. Dennoch ist denkbar, dass die Lehrkraft z. B. ein Rechtschreibthema außerhalb der Themenhefte bewusst macht und erst anschließend die Bearbeitung der Themenheftseiten erfolgt. So bietet es sich beim Thema „Einen Gegenstand genau beschreiben" zum Beispiel an, zunächst in einem Spiel Gegenstände im Klassenraum genau beschreiben und erraten zu lassen. Der spielerische Einstieg motiviert die Kinder in besonderer Weise und macht das Thema nachhaltig anschaulich bewusst. Leistungsstärkere Kinder oder Kinder mit Vorkenntnissen haben ebenso Freude am spielerischen Tun wie Kinder, die sich die sprachlichen Lerninhalte mühsam erarbeiten müssen und viel konkrete Anschauung benötigen.

Innerhalb der Klasse oder Lerngruppe arbeiten Kinder meist an unterschiedlichen Seiten und sogar an unterschiedlichen Heften. Es ist sehr wichtig, den Kindern nachdrücklich zu verdeutlichen, dass es nicht um das möglichst rasche Bearbeiten von Seiten, sondern um den Aufbau von fundiertem Können geht. Die Lehrkraft kann dabei vor allem auf die veränderten Betrachtungsebenen zurückgreifen und sollte deren Ergebnisse nutzen und betonen: Kinder lobend erwähnen und herausheben, die sich sehr gewissenhaft und ausdauernd mit ihrer Arbeit auseinandersetzen. Anschließend sollten alle gemeinsam die Ergebnisse betrachten und gegebenenfalls auch zur investierten Arbeitszeit in Bezug setzen. Im Gespräch wird deutlich werden, wer gerade erledigte Dinge gut beschreiben und erklären kann – was wieder Rückschlüsse auf eine ausreichende Arbeitszeit oder Oberflächlichkeit zulässt.

Zu den Arbeiten eines Themenbereichs gehören auch die Aufgaben der Aktionsbilder. Hierbei gehen die Kinder meist handelnd mit den im Klassenzimmer zusätzlich zur Verfügung stehenden Materialien um und nutzen bei Bedarf auch kopierte und folierte Materialien aus den Handreichungen oder auch Aufgabenseiten aus dem gesonderten Band der Kopiervorlagen.

Auf die Schreibaufgaben bzw. die Übung der Lernwörter sollten die Kinder nochmals besonders hingewiesen werden, damit von Anfang an klar ist, wie damit gearbeitet werden kann, z. B.:

- die Wörter nach Bearbeitung der entsprechenden Seite im Heft notieren (einmal oder ggf. auch mehrfach),
- Wörter einem Partner/einer Partnerin diktieren und gemeinsam kontrollieren,
- individuell Wörter ergänzen (z. B. weitere Wörter mit doppelten Konsonanten),
- auf Karteikärtchen schreiben und eine Rechtschreibkartei anlegen.

1.3.2 Das Prinzip der Lernportionen

Die Erarbeitung der einzelnen Bereiche in den Themenheften erfolgt kleinschrittig und selbsterklärend. Jedes der vier Hefte ist übersichtlich in acht Lernportionen unterteilt.

Themenheft 1, Sprache untersuchen
Lernportion 1: Nomen
Lernportion 2: Verben
Lernportion 3: Zeitformen des Verbs
Lernportion 4: Adjektive
Lernportion 5: Wortartenbestimmung
Lernportion 6: Sätze
Lernportion 7: Satzglieder
Lernportion 8: Redensarten

Themenheft 2, Richtig schreiben
Lernportion 1: Im Wörterbuch nachschlagen
Lernportion 2: Mit Silben arbeiten
Lernportion 3: Merkwörter
Lernportion 4: Ableiten und verlängern
Lernportion 5: Groß- und Kleinschreibung
Lernportion 6: Kurze und lange Selbstlaute
Lernportion 7: s-Laute
Lernportion 8: Rechtschreibstrategien anwenden

Themenheft 3, Texte schreiben
Lernportion 1: Kreatives Schreiben fördern
Lernportion 2: Andere schriftlich informieren
Lernportion 3: Erlebnisse erzählen
Lernportion 4: Gegenstände genau beschreiben
Lernportion 5: Inhalte zusammenfassen
Lernportion 6: Fantasiegeschichten schreiben
Lernportion 7: Handlungen beschreiben
Lernportion 8: Gedichte schreiben

Themenheft 4, Lesen
Lernportion 1: Genau lesen
Lernportion 2: Verschiedene Quellen nutzen
Lernportion 3: Textinhalte verstehen
Lernportion 4: Sagen und Fabeln
Lernportion 5: Bücher und Autoren kennen lernen
Lernportion 6: Texte gestalten und präsentieren
Lernportion 7: Verschiedene Gedichte untersuchen
Lernportion 8: Gedanken zu Texten entwickeln

Die Lernportionen gliedern den Lerngegenstand nach Gesichtspunkten der Fachdidaktik und den Kompetenzanforderungen der Lehrpläne und ermöglichen es dem Kind, sich Inhalte systematisch mit einer bestimmten Übungsfrequenz anzueignen. Jede Lernportion enthält ein bis zwei Differenzierungsseiten, die je nach Leistungsvermögen der Kinder zur quantitativen und qualitativen Differenzierung genutzt werden können. Diese zusätzliche Differenzierung ist durch das offene Sternsymbol im Inhaltsverzeichnis und oben auf den Seiten ausgewiesen.
Die Lernportionen werden nach einem einfachen Rotationsprinzip erarbeitet: Auf die Erarbeitung aller Lernportionen mit der Nummer 1 in allen vier Heften folgt die Lernportion 2 in allen Heften, bis alle Lernportionen mit der Nummer 8 erledigt sind.
Die Kinder arbeiten selbstständig in individuellem Tempo, wobei die Lehrkraft den jeweiligen Lernstand anhand der Beobachtungsbögen in diesen Handreichungen festhalten und ggf. besonderen Förderbedarf diagnostizieren kann.

Die Arbeit an den Lernportionen gewährleistet einen sinnvollen Wechsel zwischen den Lernbereichen, der auch motivationsstützend wirkt; trotzdem ist ein klar nach Lernbereichen aufgeteiltes Schülermaterial vorhanden, in dem die Kinder sich selbstständig bewegen können.

1.4 Die Arbeit im Plenum

Neben der individuellen Arbeit der Kinder spielt der Austausch mit anderen, das Vorstellen von Inhalten, das Argumentieren und Einbinden in den eigenen Arbeitsfortschritt, also alles, was das positive Miteinander- und Voneinanderlernen in einer Gruppe ausmacht, eine bedeutende Rolle. Jede Lehrkraft muss zunächst selbst entscheiden, wo sie Plenumsphasen in ihrem Unterricht integrieren will. Plenumsphasen am Anfang einer Stunde können rasch wieder in die Nähe von regelrechten „Einführungsphasen" kommen und lassen meist keinen gleitenden Beginn für die Kinder zu. Spielerische Plenumsphasen können jedoch zur Weiterarbeit motivieren und dem Klassenklima allgemein zuträglich sein. Plenumsphasen innerhalb der Stunde unterbrechen zwar die individuelle Arbeit der Kinder, lassen jedoch auch während dieser Stunde noch die Fortsetzung zu und können ggf. für die weitere Arbeit fruchtbar sein. Plenumsphasen zum Ende der Stunde können direkt an die aktuelle Arbeit der Kinder anknüpfen, ermöglichen unmittelbare „Vorstellungsmöglichkeiten" von Lernprodukten und lassen auch direkte Bezüge zur aktuellen Arbeit zu.

Generell gilt: Wenn Kinder an unterschiedlichen Themen oder Aufgaben arbeiten, muss sich die Plenumsarbeit weniger auf die Ergebnisse, sondern mehr auf Prozesse, auf Übungsformen, Arbeitstechniken, auf das Finden von Zusammenhängen konzentrieren. Nicht die Lösung steht dabei im Vordergrund, sondern das Vorgehen. Wir haben bewusst in allen Heften gleiche Grundstrukturen für Erarbeitungs- und Übungsformen gewählt. Sie bauen sukzessive und kleinschrittig aufeinander auf. Somit können alle Kinder mit diesen Strukturen umgehen und etwas damit anfangen, egal an welcher Stelle sie bei ihrer individuellen Arbeit gerade sind. Die Kinder beschreiben ihr Denken und ihre Arbeitsweise bei der Lösungssuche, bei gemeinsamen Betrachtungen von übergreifenden Übungsformen oder während des Plenums gemeinsam durchgeführter Übungen. Dabei ist ganz wichtig, dass sie zu anderen Kindern und deren Vorgehen Stellung nehmen, ergänzen oder auch widersprechen. Dem Austausch der Kinder untereinander kommt hier eine wesentliche Bedeutung zu.

Konkrete Tipps für gemeinsame Übungen und verschiedenartige Plenumsphasen zu den einzelnen Lernportionen finden sich in den Kommentaren zu den einzelnen Lernportionen ab Seite 23 in diesen Handreichungen.

1.5 Hausaufgaben

Bei besonders offener Unterrichtsarbeit stellt sich die Frage nach der Art der Hausaufgaben neu. Die meisten Lehrkräfte halten Hausaufgaben für notwendig und die Eltern wollen sie in der Regel auch. Sinnvolle Hausaufgaben befürworten wir auch. Aber gerade in einem Unterricht, in dem die Kinder an unterschiedlichen Inhalten arbeiten, ist besonders gut zu überlegen, welche Hausaufgaben sinnvoll sind.

Hausaufgaben zur Wiederholung, Übung und Vertiefung

Zum Einsatz als Hausaufgabe eignen sich besonders die Arbeitsheftseiten und die Seiten des gesonderten Kopiervorlagenbandes. Hier werden Inhalte aus den Themenheften nochmals variiert präsentiert und den Kindern wird es ermöglicht, bisherige Lernerfolge zu vertiefen, unabhängig davon, an welchem Thema sie im Unterricht in ihrem Themenheft arbeiten.

Weiterarbeit im Themenheft als Hausaufgabe

Auch die Weiterarbeit in den Themenheften kann als weiterführende Übung oder Vertiefung für die Hausaufgabenstellung genutzt werden. Die Ergebnisse können im Plenum vorgestellt werden und sind dann für einzelne Kinder aktuell passend in Bezug auf ihre Arbeit im Themenheft, für andere eine Wiederholung und für manche Kinder eine auf der Besprechung basierende Vorbereitung für ihre spätere Arbeit im Themenheft.

Weiterführende und offene Aufgaben als Hausaufgaben

Als Hausaufgaben sind auch insbesondere Aufgaben zur Wörterliste des Heftes „Richtig schreiben" geeignet. Sie könnten beispielsweise lauten:
- Suche auf einer Seite/Doppelseite alle Nomen (Verben, Adjektive) und schreibe sie auf.
- Suche auf einer Doppelseite alle Wörter, die ein ß haben, und schreibe sie auf.
- Schreibe von einer Doppelseite alle Wörter heraus, die mit einem doppelten Mitlaut geschrieben werden.
- Suche auf einer Doppelseite alle Nomen für Lebewesen und schreibe sie auf.

Geeignet sind aber vor allen auch offene Aufgabenstellungen, welche die Kinder ihrem Lernstand entsprechend unterschiedlich ausführen. Offene Schreibanlässe sind z. B.:
- Male einen Gegenstand und beschreibe ihn.
- Male und beschreibe deine Lieblingsblume (Lieblingsauto etc.).
- Male und beschreibe dein Haustier.
- Schreibe einen Steckbrief über dein Lieblingstier.
- Schreibe eine Spielanleitung zu einem Spiel auf.

Im Bereich „Rechtschreiben" können die Kinder z. B. als Hausaufgabe dazu anregt werden, Wortfelder anzulegen (Wortfelder „gehen", „sprechen", „machen" oder „Fußball" etc.). Oder sie finden verschiedene zusammengesetzte Nomen, Verben und Adjektive. Die unterschiedlichen Lösungen dieser offenen Aufgaben sind im Rahmen einer möglichen gemeinsamen Besprechung stets für alle interessant und bereichernd.

Nach unserer Erfahrung sind Hausaufgaben immer dann sinnvoll, wenn sie trotz unterschiedlichen individuellen Arbeitsfortschritts für alle leistbar sind und durch mehrere Wiederholungen das Automatisieren von Inhalten unterstützen. Dazu gehören z. B. die Gestaltung von Schmuckblättern, Abschreibübungen, das Anlegen einer Rechtschreibkartei, das Übertragen von Texten in andere Zeitformen, das Markieren von Satzgliedern in verschiedenen Farben etc.

2 Das Material „Einsterns Schwester" für Klasse 4 im Überblick

2.1 Die vier Themenhefte

Der Kern des Materials besteht aus vier Themenheften, die durchgehend vierfarbig aufgebaut sind. Sie sind in einem Schuber zusammengefasst, jedoch auch einzeln lieferbar. Die Hefte umfassen 40–56 Seiten und sind als Leihmaterial für die Schülerinnen und Schüler konzipiert. Die Gliederung erfolgt nach den didaktischen Bereichen:

- Themenheft 1: Sprache untersuchen (48 Seiten)
- Themenheft 2: Richtig schreiben (48 Seiten)
- Themenheft 3: Texte schreiben (40 Seiten)
- Themenheft 4: Lesen (56 Seiten)

2.2 Das Arbeitsheft

Zum Schuber, in dem das Material zu „Einsterns Schwester" für Klasse 4 zusammengefasst ist, gehört auch ein Arbeitsheft, das im Übrigen aber auch einzeln erhältlich ist. Auf den Seiten des Arbeitsheftes werden die neu eingeführten Inhalte aus jeder der acht Lernportionen der vier Themenhefte geübt bzw. vertieft. Die Aufgaben werden direkt auf den Seiten im Arbeitsheft bearbeitet. Die Aufgabenstellungen bieten eine Vielfalt an Methoden, die in den Themenheften des Verbrauchsmaterials nicht direkt umgesetzt werden können: einkreisen, unterstreichen, verbinden, markieren, einsetzen, ankreuzen etc.

Im Arbeitsheft sind die Seiten jeweils einer Lernportion aus den vier Themenheften hintereinander aufgenommen. Die Kinder erkennen an dem farbigen Leitsystem (jedes Themenheft hat eine eigene Farbe, die auf den Inhaltsseiten wieder aufgenommen wurde), zu welchem Themenheft die jeweilige Arbeitsheftseite gehört. Zusätzlich wird in dem Stern in der Kopfzeile die Seitenzahl des entsprechenden Themenheftes angegeben, auf die sich die Arbeitsheftseite bezieht. In den Themenheften findet sich der Hinweis auf die dazugehörige Arbeitsheftseite, gekennzeichnet mit einem Pfeil, am unteren Rand der Seiten.

Auch im Arbeitsheft gibt es auf einigen Seiten Aufgaben in einer anderen Niveaustufe, die Kennzeichnung entspricht der in den Themenheften und wird im Arbeitsheft auch auf der ersten inneren Umschlagseite erläutert. Es wurde darauf geachtet, dass alle Aufgaben direkt im Arbeitsheft bearbeitet werden können und die Kinder möglichst keine langen Schreibaufgaben ausführen müssen. Die Tutor-Figur

Lola gibt auch im Arbeitsheft Tipps und Hinweise, damit die Kinder schnell verstehen, worauf es ankommt, und ihr Wissen ohne Umwege einsetzen können.

2.3 Das Arbeitsheft mit Lösungen

Damit die Kinder ihre Ergebnisse im Arbeitsheft auch selbstständig überprüfen können, steht ein Arbeitsheft mit Lösungen zur Verfügung. Bei offenen Aufgabenstellungen, die individuell gelöst werden können, wird jedoch kein Lösungsvorschlag gemacht.

2.4 Das Projektheft

Das Projektheft „Leonardo da Vinci" verknüpft Inhalte des Deutschunterrichts mit sachunterrichtlichen Themen und Fragestellungen und bietet den Kindern die Möglichkeit, selbstständig an einem interessanten und vielfältigen Thema zu arbeiten. Kompetenzen, die im Rahmen der Arbeit an den Themenheften erworben wurden, können hier angewandt und vertieft werden. Zugleich können eigene inhaltliche Interessen und Ideen der Kinder zum Tragen kommen. Jede Doppelseite präsentiert ein Teilthema, dem sich die Kinder in verschiedenen Arbeitsformen nähern können, wobei auch viel Platz für die Ideen der Kinder bleibt.

Das Heft ist als Material für offenes Arbeiten besonders geeignet. Es ermöglicht den Kindern vielfältige Erfahrungen im projektorientierten Arbeiten, wobei sie an den Aspekten arbeiten können, die für sie individuell Bedeutung haben, und sie ihr Lernen weitgehend nach eigenen Vorstellungen planen und organisieren. Begleitende Plenumsphasen stützen die Arbeit. Das Heft bietet auch viele Anregungen zum interessengeleiteten Weiterforschen der Kinder und gibt Tipps und Hinweise zur Internetrecherche.

Die Lehrkraft fungiert – wie bei der Arbeit an den Themenheften auch – als Lernberater. Sie regt an, hilft bei Fragen und bei einer möglichen Gruppenbildung und sie gibt Ratschläge für die vertiefende Weiterarbeit bzw. für die Reflexion des Geleisteten.

2.5 Die Kopiervorlagen

Die gesonderte Kopiervorlagensammlung bietet zusätzliche Differenzierungsangebote zu jedem Themenheft. Nach den Themenheften und Inhaltsbereichen geordnet, stehen zusätzliche Arbeitsangebote für die Kinder zur Verfügung. Diese sind mit einem geschlossenen oder offenen Stern gekennzeichnet. Seiten mit dem geschlossenen Stern bieten vor allem Aufgaben zur Übung, Wiederholung und Vertiefung an und stehen in engem Zusammenhang mit den Seiten der Themenhefte. Seiten mit dem offenen Stern bieten weiterführende Aufgabenstellungen an, die vor allem für leistungsstärkere Kinder gedacht sind.

2.6 Die Handreichungen mit Beobachtungsbögen und Bausteinen für Lernstandstests

Die vorliegenden Handreichungen zu „Einsterns Schwester", Sprache und Lesen 4, bieten auf insgesamt 176 Seiten konzeptionelle Erläuterungen, Tipps für Besprechungspunkte und Aktivitäten in Plenumsphasen, weiterführende Unterrichtsideen, Hausaufgabentipps etc. Darüber hinaus gibt es zu jedem Heft Beobachtungsbögen, mit deren Hilfe der Lernstand und der Lernfortschritt der Kinder bezogen auf die Arbeit der Kinder an den Themenheften dokumentarisch festgehalten werden können, was auch im Hinblick auf die Eltern der Kinder wichtig ist. Leerzeilen am Ende der Beobachtungsbögen ermöglichen weitere prozessorientierte Eintragungen. Flexibel zusammenstellbare „Bausteine für Lernstandstests" unterstützen die Lehrkraft dabei, im positiven Sinne festzustellen, was jedes Kind bereits kann.

Analog zu den Klassen 2 und 3 gibt es in den Handreichungen Lehrerkopiervorlagen (LKV, s. Seite 113–146), die Inhalte der Themenhefte aufgreifen und – vergrößert kopiert – Bestandteil der gemeinsamen Arbeit im Plenum sein können. Hier können die Kinder z. B. Wörter alphabetisch oder nach Wortarten sortieren, Wörter Rechtschreibstrategien zuordnen, Rechtschreibfehler in Texten gemeinsam finden, Verben nach Zeitformen sortieren, Texte reorganisieren, Erfahrungen mit dem Umstellen von Satzgliedern machen etc. Zusätzlich können diese Materialien auch von Kindern in der Einzel- oder Partnerarbeit verwendet werden, um Inhalte zu wiederholen und vertiefend zu üben. Parallel zur schriftlichen Arbeit im Themenheft sind sie besonders motivierend und unterstützen durch die Handlungsorientierung das Erarbeiten und Einprägen. Sie begleiten und festigen die inhaltliche Arbeit. Der besseren Haltbarkeit wegen empfehlen wir, diese Materialien zu laminieren.

3 Inhaltliche Ziele und Lernwege in den Themenheften

3.1 Themenheft 1: Sprache untersuchen

3.1.1 Lernportion 1: Nomen (Themenheftseiten 5–12)

Inhaltliche Ziele
- *vertiefen, dass Nomen für Gefühle, Vorgänge und Zustände als „abstrakte Nomen" bezeichnet werden*
- *Konkreta und Abstrakta erkennen, unterscheiden und tabellarisch ordnen*
- *die Wortbausteine -ung, -heit, -keit, -nis als Kennzeichen für Nomen kennen lernen*
- *Wortbausteine -ung, -heit, -keit, -nis zur Wortbildung nutzen*
- *verschiedene Pluralbildungen bei Nomen erkennen und reflektieren*
- *Pronomen erkennen und verwenden*
- *die vier Fälle des Nomens kennen lernen*
- *mit „Fall-Fragen" die vier Fälle des Nomens bestimmen*
- *Nomen in verschiedenen Sprachen sammeln; die vier Fälle des Nomens in Sätzen verwenden (Differenzierungsseiten)*

Im dritten Schuljahr haben die Kinder gelernt, dass auch „nicht Fassbares" zu den Nomen gehört. Dabei wurden insbesondere die Gefühle in den Blick genommen. Die Lernportion 1 des Themenheftes „Sprache untersuchen" knüpft daran an, weitet das Thema „Abstrakta" jedoch aus und macht den Kindern bewusst, dass auch Vorgänge und Zustände zu den abstrakten Nomen gehören (*die Finsternis, die Entdeckung* etc.). Mit Hilfe der „Artikelprobe" können die Kinder feststellen, dass es sich bei diesen Wörtern ebenfalls um Nomen handelt, auch wenn sie nicht greifbar sind oder sich bildlich darstellen lassen.

Die Lernportion 1 beinhaltet ebenfalls das Thema Wortbildung in Form von Nomen mit den Nachsilben *-heit, -keit, -nis* und *-ung*. Das Prinzip der Wortbildung bei allen Wörtern mit diesen Wortbausteinen ist die Derivation, d.h. die Ableitung eines Wortes aus einer anderen Wortart durch Hinzufügen einer Nachsilbe. Die Suffixe *-heit* und *-keit* dienen beispielsweise der Substantivierung von Adjektiven (z.B. *heiter – die Heiterkeit*). Die Wortbausteine *-heit, -keit, -nis* und *-ung* dienen den Kindern als Nomenkennzeichen und verweisen in diesem Zusammenhang auf die Großschreibung.

Ein Schwerpunkt der Lernportion und zugleich ein neues Thema in Klasse 4 sind die vier Fälle des Nomens, mit denen die Kinder vorbegrifflich schon auf vielfältige Weise umgegangen sind. Nun geht es darum, Sprache bewusst zu machen und zu reflektieren. Als Hilfe wird die Unterscheidung bzw. Ermittlung der Fälle durch „Fall-Fragen" genutzt. Erfahrungsgemäß ist die Sprachbetrachtung zu den vier Fällen für viele Kinder nicht ganz einfach, da die Fälle auch oft nicht richtig verwendet werden. Es muss jedoch an dieser Stelle keine Perfektion angestrebt werden, da das Thema in Klasse 5 aufgegriffen und vertieft wird.

Weitere Schwerpunkte in der ersten Lernportion sind die Verwendung von Pronomen sowie verschiedene Pluralformen der Nomen.

Besprechungspunkte und Aktivitäten für das Plenum
- gemeinsam ein Abecedarium mit Abstrakta anlegen und als Plakat für den Klassenaushang gestalten
- LKV 1/1 einsetzen und Wörter hinsichtlich ihrer möglichen Nomenbildung mit *-heit, -keit, -nis* und *-ung* ordnen
- ein Memory mit Wörtern und ihren Ableitungen herstellen; mögliche Paare: *frei – die Freiheit, finster – die Finsternis, feige – die Feigheit, heiter – die Heiterkeit* etc.
- LKV 1/2 einsetzen und die vier Fälle des Nomens bestimmen
- Sätze bilden, in denen Wörter in bestimmten Fällen vorkommen, z.B. „Wem-Fall-Sätze"; in schwächeren Lerngruppen Verben vorgeben, z.B. *danken, glauben, vertrauen, bringen* etc.
- Plakatwand zum Thema „Nomen in verschiedenen Sprachen sammeln" (s. Themenheft S. 6); Wörter z.B. hinsichtlich der Artikel und Groß- und Kleinschreibung besprechen

▶ Bausteine für Lernstandstests: Nomen, S. 81

Ideen zur Differenzierung / Hausaufgaben
▶ Arbeitsheft S. 5 und 6
- ein Ferienbild malen, dazu Nomen sammeln und in eine eigene Tabelle wie auf S. 5 schreiben
- in kleinen Lesetexten Nomen in den verschiedenen Fällen finden und unterstreichen
- mit Hilfe des Wörterbuches weitere Nomen mit den Wortbausteinen *-heit, -keit, -nis, -ung* finden und sie zusammen mit ihrem verwandten Verb oder Adjektiv aufschreiben

3.1.2 Lernportion 2: Verben
(Themenheftseiten 13–16)

Inhaltliche Ziele
- *Verben identifizieren können*
- *die Begriffe „Grundform" und „Personalform" kennen und verwenden*
- *Personalformen bilden (Präsens)*
- *mit Verben Aufforderungssätze bilden und dabei erfahren, dass das Verb stets am Anfang des Aufforderungssatzes steht*
- *Ausrufezeichen in Aufforderungssätzen beachten*
- *eigene Aufforderungssätze bilden (Differenzierungsseite)*

Die Lernportion 2 bietet die Möglichkeit, das Wissen um die Wortart Verb zu vertiefen und zu erweitern. Da viele Kinder mit den Flexionsformen der Verben Schwierigkeiten haben, ist es wichtig, ihnen immer wieder vielfältige Gelegenheiten zum Trainieren dieser Formen zu geben, am besten sowohl mündlich als auch schriftlich und nach Möglichkeit auch unter Einbeziehung von spielerischen und handlungsorientierten Übungen. Unter dem Aspekt der Entwicklung von Rechtschreibbewusstsein ist es zudem sehr wichtig, Wortstämme und Endungen in den Blick zu nehmen. Das Stammprinzip der Verben, d. h. die Tatsache, dass der Wortstamm bei Verben meist gleich bleibt, ist eine wichtige Voraussetzung, um bei Verben und ihren Wortverwandten Rechtschreibsicherheit aufzubauen.

Einige Verben der deutschen Sprache sind durch Präfixe erweiterbar (z. B. *bauen – aufbauen, einbauen, nachbauen* etc; *suchen – besuchen, versuchen* etc.). Dadurch kann man die Bedeutung des „Grundverbs" akzentuieren (z. B. beim Verb *anbauen*) oder die Bedeutung auch grundsätzlich verändern (z. B. *suchen – besuchen*). Einige Verben bilden mit dem Präfix eine untrennbare Einheit (das Präfix ist unbetont). Andere Verben trennen sich in der finiten Form vom Präfix – es sind trennbare Verben (das Präfix ist betont). Das Verb *besuchen* ist beispielsweise nicht trennbar, im Satz bleibt es als Prädikat einteilig erhalten. Beim Verb *anlegen* trennt sich jedoch das Präfix von der finiten Form des Verbs, wenn es z. B. heißt: *Tim legt eine Slalombahn an.* Diese Form der zweiteiligen Prädikate wird den Kindern mit Hilfe der Übungen der Themenheftseite 16 bewusst gemacht.

Trennbar sind übrigens z. B. Verben mit folgenden Präfixen: *ab-, an-, auf-, aus-, bei-, ein-, los-, mit-, nach-, her-, hin-, um-, vor-, weg-, zu-, zurück-.*

In dieser Lernportion wird den Kindern auch der Imperativ bewusst gemacht, der mündlich ja sehr häufig verwendet wird. Stärkere Kinder bilden auch eigene Sätze mit Imperativen.

Besprechungspunkte und Aktivitäten für das Plenum
- LKV 2/1 einsetzen und Grundformen und Personalformen ordnen
- Ballspiel im Sitzkreis: Ein Kind fängt an, sagt ein Verb in der 1. Person Singular und wirft den Ball einem anderen Kind zu (oder gibt einen Gegenstand an seinen Nachbarn weiter), das die 2. Person Singular sagt. So kann spielerisch konjugiert werden. Auch Verben mit Vorsilben können verwendet werden, z. B.:
aussuchen:
Ich suche aus.
Du suchst aus.
Er sucht aus …
- Nachdenken über die Verwendung des Imperativs (Auslegen einiger Imperativsätze): Wann bzw. in welchen Situationen werden Sätze mit Imperativ gebildet?
- LKV 2/2 einsetzen und Verben mit vorangestellten Wortbausteinen legen
- Würfelspiel im Kreis: Man braucht dazu einen Einsteckwürfel mit den Wortbausteinen *an, auf, aus, ein, ver, vor* sowie Wortkärtchen mit diversen Verben. Die Grundformen liegen als Wortkarten aus. Die Kinder würfeln und suchen eine passende Karte, sie bilden das zusammengesetzte Verb und einen Satz damit.
- zusammengesetzte Verben mit einem Kreisel finden; dazu einen Kreisel aus einem Zahnstocher und einer sechseckigen Pappscheibe basteln, Pappscheibe in sechs Felder unterteilen und mit verschiedenen vorangestellten Wortbausteinen beschriften. Ergänzend werden etliche Verben in der Grundform auf Kärtchen geschrieben. Man zieht dann eine Wortkarte und dreht den Kreisel. Die Seite, auf die er fällt, zeigt den zu verwendenden Baustein an.

▶ Bausteine für Lernstandstests: Verben, S. 82

Ideen zur Differenzierung / Hausaufgaben
▶ Arbeitsheft S. 12
- zu ausgewählten Vorsilben (*aus, ab, an* etc.) möglichst viele Verben finden (Liste evtl. als Leporello gestalten)
- eigenes Spiel mit Aufforderungskärtchen (Imperativen) erfinden und gestalten

3.1.3 Lernportion 3: Zeitformen des Verbs (Themenheftseiten 17–21)

Inhaltliche Ziele
- *das Perfekt als „zweite Vergangenheit" kennen lernen*
- *erfahren, dass man die zweite Vergangenheit (Perfekt) für das Erzählen nutzt, die erste Vergangenheit (Präteritum) für das Schreiben*
- *Verben in der 1. und 2. Vergangenheit in Texten identifizieren*
- *Verben in der 1. und 2. Vergangenheit bilden*
- *Verben aus der 2. Vergangenheit in die 1. Vergangenheit setzen (Differenzierungsseite)*

Im dritten Schuljahr standen die Zeitformen Präsens und Präteritum im Mittelpunkt der Arbeit. Daran anknüpfend lernen die Kinder im vierten Schuljahr, die 1. und 2. Vergangenheit zu unterscheiden und sie lernen die Zeitform Futur kennen.

Das Präsens ist die Zeitstufe, mit der die Kinder am besten vertraut sind, während die Bildung der Verbformen im Präteritum vor allem Kindern anderer Muttersprache auch im 4. Schuljahr noch oft erhebliche Probleme bereitet, denn die Konjugation der Verben im Präteritum hängt von der Art der Verben (regelmäßig oder unregelmäßig) sowie der Art der Konjugation (stark oder schwach) ab. Bei der häufiger vorkommenden schwachen Konjugation bleibt der Wortstamm gleich, die Endung *-te* wird ergänzt (*spielen – ich spielte*). Bei starken Verben ändert sich im Präteritum der Stammvokal und einige Verben erhalten die Endung *-te* zusätzlich (*gewinnen – ich gewann, rennen – ich rannte, springen – ich sprang*). Die Kinder erfahren in der Lernportion 3, dass man in der 2. Vergangenheit vorwiegend erzählt, während die 1. Vergangenheit meist beim Schreiben Verwendung findet.

Die Zukunftsform (Futur I) bezieht sich auf etwas, das nicht in der Sprechzeit abläuft, sondern erst zu einem späteren Zeitpunkt einsetzen wird. Die Verwendung des Futurs ist nicht einfach. In den meisten Fällen, vor allem im mündlichen Sprachgebrauch, wird die Zukunft durch ein Umstandswort der Zeit ausgedrückt, z. B.: *Morgen fahren wir in den Urlaub.* Die korrekte Bildung mit *werden + Infinitiv* wird – wenn überhaupt – den Kindern nur aus schriftlichen Schilderungen bekannt sein. Obwohl die grammatische Form Futur in unserer Alltagssprache kaum noch Verwendung findet, ist die Kenntnis dieser Form wichtig – auch im Hinblick auf den Englischunterricht.

Besprechungspunkte und Aktivitäten für das Plenum
- LKV 3/1 einsetzen und Grundformen verschiedener Verben entsprechende Personalformen im Präsens und Präteritum zuordnen
- LKV 3/2 einsetzen und Sätze im Futur bilden
- Zukunftsträume und -wünsche mündlich formulieren, dabei bewusst das Futur verwenden
- Zeitadverbien auf großformatige Karten schreiben und mündlich bzw. schriftlich Sätze in den passenden Zeitformen damit bilden lassen (*heute, jetzt, gestern, vorgestern, morgen, übermorgen* etc.)

▶ Bausteine für Lernstandstests: Zeitformen des Verbs, S. 83

Ideen zur Differenzierung / Hausaufgaben
▶ Arbeitsheft S. 19 und 20
- mit Hilfe von Sachbüchern, Lexika und Internet Informationen zu bedeutenden Erfindungen recherchieren (Fernseher, Auto, Computer, Steckdose, Handy etc.); Informationen stichwortartig notieren und dem Plenum vorstellen
- Steckbriefe zu bedeutenden Erfindungen oder wichtigen Erfinderinnen und Erfindern schreiben
- kleine Erzähltexte oder einzelne Abschnitte aus Erzähltexten, die in der Vergangenheitsform geschrieben sind, in die Gegenwartsform übertragen lassen; dabei nochmals auf das richtige Abschreiben achten
- Verben in der Vergangenheitsform vorgeben und die Kinder die entsprechende Grundform notieren lassen, z. B.: *las, schrieb, half, rannte, bat, rieb, trat, sprach, rief, lief, entschied, trank, lag, griff, saß, fuhr, schwamm, trug, schlief, musste, goss, bekam, ließ, blieb …*
- aus der Wörterliste individuell ca. zehn Verben heraussuchen lassen und diese in eine Tabelle eintragen, die aus den Spalten Grundform, Präsens, Präteritum und Perfekt besteht
- selbst einen kleinen Text in der Gegenwart schreiben lassen und ihn dann in der Vergangenheit notieren; Verben jeweils markieren
- Zukunftswünsche und -träume in einem kleinen Text formulieren (Futur I)
- einen kleinen Text zum Thema „Schule in 200 Jahren" verfassen, die Verben im Futur jeweils unterstreichen

3.1.4 Lernportion 4: Adjektive
(Themenheftseiten 22–25)

> **Inhaltliche Ziele**
> - *mit den Wortbausteinen -ig, -lich, -isch, -los, -bar und -sam Adjektive aus Nomen und Verben bilden*
> - *Adjektive in Texten ermitteln*
> - *Adjektive mit einem passenden Nomen verwenden*
> - *Adjektive und ihre Wirkung im Text betrachten*
> - *zu Adjektiven Vergleichsstufen bilden*
> - *besondere Steigerungsformen erkennen*
> - *zusammengesetzte Adjektive bilden und die Wirkung von Aussagen damit verstärken (Differenzierungsseite)*

Im dritten Schuljahr hatten die Kinder Adjektive mit *-ig* und *-lich* kennen gelernt und damit gearbeitet. Die Lernportion „Adjektive" im vierten Schuljahr behandelt neben den Endungen *-ig* und *-lich* auch die Wortbausteine *-isch, -los, -bar* und *-sam* abgeleiteter Adjektive. Diese Suffixe sind keine selbstständigen Wörter, sondern es handelt sich um Bausteine, die bei der Bildung von Adjektiven aus Nomen bzw. Verben verwendet werden.

Wortbausteine erleichtern den Kindern den rechtschreiblichen Zugang zu Wörtern, deshalb ist es so wichtig, ihnen immer wieder Prinzipien der Wortbildung zu verdeutlichen. In dieser Lernportion können sie darüber hinaus erkennen, dass mit Hilfe von Wortbausteinen Adjektive sowohl aus Nomen als auch aus Verben gebildet werden können. Zudem trägt die Arbeit am Thema „Wortbildung" dazu bei, den Wortschatz der Kinder zu erweitern.

Zentral in dieser Lernportion sind auch die Steigerungsformen von Adjektiven. Das Training der Vergleichsstufen ist von hoher Bedeutung, und zwar sowohl unter dem Aspekt der Reflexion von Sprache als auch der Automatisierung der Formbildung. Unterschiede zwischen regelmäßigen und unregelmäßigen Formen sollten in diesem Zusammenhang angesprochen und trainiert werden, z. B. *hoch – höher – am höchsten, gern – lieber – am liebsten* etc. Auch das Einfügen des Buchstabens *-e-* in der 3. Vergleichsstufe sollte betont werden (z. B. *hart – härter – am härtesten*).

Nicht zuletzt bietet die Arbeit an dieser Lernportion die Gelegenheit, die Wirkung von Adjektiven in Texten zu betrachten. Dies ist für das eigene Schreiben der Kinder von großer Bedeutung.

Besprechungspunkte und Aktivitäten für das Plenum

- LKV 4/1 einsetzen und mit Hilfe eines Domino-Spiels zusammengesetzte Adjektive bilden
- LKV 4/2 und 5/1 einsetzen und Vergleichsstufen finden; Kärtchen mit den Adjektiven und den beiden Vergleichsstufen an die Klasse entsprechend der Schülerzahl verteilen. Die Kinder finden dann ihre „Vergleichsstufen-Partner". Mehrere Durchgänge mit wechselnden Karten sind wünschenswert, die schnellste Gruppe erhält bei jedem Durchgang einen Klebepunkt. Am Ende hat das Kind mit den meisten Klebepunkten gewonnen.
- Kreisspiel: Ein Kind nennt ein Adjektiv, wirft den Ball einem anderen Kind zu, dieses nennt die 1. Vergleichsstufe, wirft den Ball weiter und das nächste Kind nennt die zweite Vergleichsstufe. Das folgende Kind nennt ein neues Adjektiv. Das Tempo sollte nach und nach gesteigert werden.
- Kreisspiel: Die Lehrkraft stellt eine Frage mit einem Adjektiv, z. B.: „Was kann alles alt sein?" Die Kinder nennen der Reihe nach passende Nomen. Wenn einem Kind nichts mehr einfällt, scheidet es aus oder an der betreffenden Stelle wird eine neue Frage gestellt, z. B.: „Was kann alles kuschelig sein? Was kann alles gemütlich sein? Was kann alles gruselig sein?" Auch dieses Spiel kann unter Einsatz eines (weichen) Balles zu einem Bewegungsspiel werden.
- Adjektivsammlung als Wandzeitung anlegen, dabei die Adjektive ggf. alphabetisch ordnen
- Adjektive als Reimwörter auf einem Plakat sammeln, in schwächeren Lerngruppen immer ein Wort vorgeben und das Reimwort suchen lassen

▶ Bausteine für Lernstandstests: Adjektive, S. 84

Ideen zur Differenzierung / Hausaufgaben
▶ Arbeitsheft S. 26
- jeweils Kärtchen mit Adjektiven und ihren Vergleichsstufen herstellen und damit Memory spielen, dabei müssen dann natürlich drei Kärtchen gefunden werden
- zusammengesetzte Farbadjektive aufschreiben
- zusammengesetzte Adjektive in Verbindung mit einem Nomen aufschreiben bzw. Sätze mit zusammengesetzten Adjektiven schreiben
- einen Werbetext für ein bestimmtes Produkt (Zahnpasta, Fahrrad, Pullover) schreiben und dabei passende Adjektive verwenden

3.1.5 Lernportion 5: Wortartenbestimmung (Themenheftseiten 26–29)

Inhaltliche Ziele

* *den Begriff „Nomenprobe" und verschiedene Proben zur Ermittlung von Nomen kennen lernen*
* *den Begriff „Verbenprobe" kennen lernen und Verben mit Hilfe der „Verbenprobe" ermitteln*
* *den Begriff „Adjektivprobe" kennen lernen und Adjektive mit Hilfe der „Adjektivprobe" ermitteln*
* *in einem Text alle drei Wortartenproben anwenden (Differenzierungsseite)*

Die Lernportion „Wortartenbestimmung" knüpft an bisher erarbeitetes Strukturwissen zu den Wortarten Nomen, Verb und Adjektiv an und ermöglicht darüber hinaus eine Anwendung und Weiterführung des bisher Gelernten. Mit Hilfe der vorgestellten „Proben" gelingt es den Kindern, Nomen, Verben und Adjektive sicher zu unterscheiden und in Texten zu ermitteln.

Dem sicheren Umgang mit den Wortarten kommt für den Deutschunterricht eine große Bedeutung zu. Das Wissen um die Wortarten hilft dabei, zu richtigen Entscheidungen hinsichtlich der Groß- oder Kleinschreibung zu kommen. Auch bei grammatischen Fragen ist die Kenntnis der Wortarten entscheidend, so z.B. im Kontext der Satzgliedbestimmung. Die „Beweise" für Wortarten bzw. die „Proben" sollten über die Arbeit am Themenheft hinaus immer wieder ganz selbstverständlich in den Unterricht einfließen, das bedeutet z.B. auch, dass der Nachweis einer bestimmten Wortart mit Hilfe der Probe ebenso wichtig ist wie die eigentliche Bestimmung der jeweiligen Wortart. Wie in der Mathematik geht es hier nicht nur um die Lösung an sich, sondern ebenso um den Weg, der zur Lösung geführt hat. Da viele Kinder Fragen nach den Wortarten einfach nur aus dem Gefühl heraus beantworten, ist es wichtig, sie zum Argumentieren und Begründen anzuleiten. Auch ein Vergleich mit Fremdsprachen kann ergiebig sein. Welche „Beweise" für eine Wortart gibt es hier?

Das Thema „Wortarten" bietet sich in hohem Maße für kooperatives Lernen an, bei dem der argumentative Austausch den Lernprozess befördert. Man sollte das Thema jedoch nicht nur kurzfristig in den Blick nehmen: Ein vielfältiger und kontinuierlicher Umgang mit der Thematik kann als Langzeitaufgabe betrachtet werden, auch im Hinblick auf das weitere Erlernen einer oder mehrerer Fremdsprachen.

Besprechungspunkte und Aktivitäten für das Plenum

* LKV 5/2 einsetzen und zuordnen, zu welcher Wortartenprobe die genannten Proben gehören
* eigene Texte der Kinder als Grundlage für die gemeinsame Bestimmung der Wortarten im Plenum oder in Kleingruppen verwenden, evtl. abgetippt und alle Wörter großgeschrieben; Folie oder Kopien davon anfertigen
* Anlegen von Abecedarien zum Sachunterrichtsthema, Kennzeichnung der Wortarten
* gemischtes Wortmaterial zu einem Thema ordnen lassen und „Proben" als Beweise anwenden
* aus Klassenlektüren besondere Nomen, Verben, Adjektive heraussuchen und ordnen lassen
* eine begleitende Wandzeitung erstellen, z.B. unter der Überschrift „Meine liebsten Nomen, Verben und Adjektive"; Sammlung kontinuierlich ergänzen, ggf. auch mit Wörtern aus anderen Sprachen
* Vier-Ecken-Spiel im Klassenzimmer: Den Ecken werden Wortarten zugeordnet, Nomen (1), Verben (2), Adjektive (3), Sonstige (4). Die Lehrkraft oder ein Kind schließt die Augen, zählt bis Zehn. Die Kinder ordnen sich in eine Ecke nach Belieben ein. Die Lehrkraft ruft ein Wort, öffnet die Augen und die Kinder, die sich in der entsprechenden Ecke zur genannten Wortart befinden, scheiden aus. Es folgen weitere Runden, bei denen nach dem Zufallsprinzip Kinder ausscheiden, bis ein Kind als Sieger übrig bleibt.
* an der Tafel bzw. an White- oder Smartboard jeweils vier Wörter vorgeben, bei denen eines nicht zur Wortart der übrigen Wörter passt; Die Kinder begründen mit Hilfe der „Proben", warum das Wort jeweils nicht passt.
* LKV 6/1 einsetzen und Nomen, Verben und Adjektive im Text gemeinsam ermitteln
* aus dem Buch „Hände weg von Mississippi" von Cornelia Funke vorlesen oder den Film zeigen

▶ Bausteine für Lernstandstests: Wortartenbestimmung, S. 85

Ideen zur Differenzierung / Hausaufgaben

▶ Arbeitsheft S. 34
* Wortarten in eigenen Texten und/oder in Auszügen aus der Kinderliteratur bestimmen und Entscheidungen begründen
* Adjektive, Verben und Nomen in jeweils einem Gitterrätsel verstecken und ein Partnerkind suchen lassen; Anzahl der versteckten Wörter angeben

3.1.6 Lernportion 6: Sätze
(Themenheftseiten 30–34)

Inhaltliche Ziele
- *den Begriff „Bindewort" und die Funktion von Bindewörtern im Satz kennen lernen*
- *Kommasetzung bei Sätzen mit einem Bindewort berücksichtigen*
- *wörtliche Rede und Redebegleitsätze unterscheiden*
- *nachgestellte Redebegleitsätze kennen lernen und in eigenen Sätzen verwenden*
- *Kommas bei Aufzählungen berücksichtigen*
- *eingeschobene Redebegleitsätze kennen lernen und in eigenen Sätzen verwenden (Differenzierungsseite)*

Die Lernportion „Sätze" greift u. a. das Thema „wörtliche Rede" auf, das bereits im dritten Schuljahr eine wichtige Rolle gespielt hat. Hier wurde zunächst die wörtliche Rede mit vorangestelltem Redebegleitsatz fokussiert und hinsichtlich der korrekten Satz- und Redezeichen geübt. Nun geht es darum, auch nachgestellte und eingeschobene Begleitsätze zu verwenden, was hinsichtlich der Orthografie und Zeichensetzung für viele Kinder eine große Herausforderung darstellt. Den Kindern sollte bei der Arbeit am Thema „wörtliche Rede" auch klar werden, dass die verschiedenen Möglichkeiten, einen Begleitsatz zu platzieren, die Sätze bzw. Texte lebendiger und interessanter machen können. Diese Erkenntnis sollte nach und nach in das eigene Schreiben einfließen.

Des Weiteren spielt das Thema „Satzbildung" im Hinblick auf konjunktionale Nebensätze bzw. Kommasetzung in dieser Lernportion eine große Rolle. Die Beispiele und Aufgaben schärfen das Satzbildungsgespür der Kinder, was ihnen nicht nur im schriftlichen, sondern auch im mündlichen Sprachgebrauch eine wichtige Hilfe sein kann. Gerade Kinder mit Deutsch als Zweitsprache haben oft Probleme, Konjunktionen zu unterscheiden und richtig zu verwenden. Es ist daher wichtig, ihnen vielfältige Übungen anzubieten, um ihre Sprachkompetenz mündlich und schriftlich zu erweitern.

Besprechungspunkte und Aktivitäten für das Plenum
- LKV 6/2 einsetzen und Sätze mit einer passenden Konjunktion bilden
- Kreisspiel: Die Kinder haben verschiedenen Karten mit Konjunktionen in der Hand. Die Lehrkraft bzw. ein Schüler liest zwei Sätze vor. Kinder, die eine passende Karte haben, um die beiden Sätze zu verbinden, legen ihre Konjunktionskarte in die Mitte, dann wird gemeinsam überprüft.
- im Sitzkreis nach und nach mündlich verschiedenen Sätze mit Aufzählungen bilden, das Komma mit einer entsprechenden Armbewegung verdeutlichen
- das Wortfeld „sprechen" gemeinsam als Plakat anlegen
- Sätze mit Aufzählungen am Overheadprojektor oder am Board notieren; die Kinder ergänzen nach und nach jeweils ein passendes Wort (z. B.: „Ich esse gern Äpfel, Nudeln, Tomaten, Salami, Lakritz, …"; „Ich spiele gern mit …"; „Ich kaufe im Laden oft …"; „Ich besuche zu Weihnachten gern …"). Es können auch Wörter in alphabetischer Folge aufgezählt werden, was eine Steigerung der Schwierigkeit darstellt. Generell sollten darüber hinaus auch Aufzählungen berücksichtigt werden, die nicht nur aus einem Wort, sondern aus Wortgruppen bestehen.

▶ Bausteine für Lernstandstests: Sätze, S. 86

Ideen zur Differenzierung/Hausaufgaben
▶ Arbeitsheft S. 43–45
- verschiedene Sätze mit den Konjunktionen *weil, wenn* und *während* aufschreiben
- ein oder mehrere Beispiele für die unterschiedliche Positionierung des Redebegleitsatzes in das Heft schreiben; Satz- und Redezeichen mit zwei verschiedenen Markern kennzeichnen
- kleine Szenen aus Comics als wörtliche Rede aufschreiben
- ein „Witzebuch" anlegen, indem jedes Kind z. B. einen Lieblingswitz auf ein Blatt schreibt und ggf. auch dazu malt; auf wörtliche Rede und das korrekte Setzen der Satz- und Redezeichen sollen die Kinder besonders achten
- eigene Sätze mit Aufzählungen notieren, z. B. in Anlehnung an die gemeinsam mit dem Plenum gefundenen Sätze; darüber hinaus möglich: Bestandteile des Fahrrades, Tätigkeiten in der Schule, Pflanzen im Garten, Wünsche, Tiere, Eissorten etc.
- in Partnerarbeit ein Streitgespräch erfinden und mit wörtlicher Rede aufschreiben; das Streitgespräch ggf. der Klasse als kleines szenisches Spiel vorstellen
- kleine Verkaufsgespräche mit wörtlicher Rede aufschreiben

3.1.7 Lernportion 7: Satzglieder (Themenheftseiten 35–43)

Inhaltliche Ziele

- *Satzglieder und die „Umstellprobe" durch die Arbeit mit einem Satzfächer handlungsorientiert erfahren*
- *Subjekte und Prädikate mit Hilfe von Fragen in Sätzen ermitteln*
- *erfahren, dass Prädikate im Satz auch aus zwei Teilen bestehen können*
- *Sätze mit zweiteiligen Prädikaten bilden*
- *die „Wen- oder Was-Ergänzung" (Akkusativobjekt) kennen lernen und durch die Frage „Wen oder was …?" Akkusativobjekte in Sätzen ermitteln*
- *die „Wem-Ergänzung" (Dativobjekt) kennen lernen und durch die Frage „Wem …?" Dativobjekte in Sätzen ermitteln*
- *nach verschiedenen Satzgliedern fragen*
- *die Ergänzungen des Ortes und der Zeit als Satzglieder kennen lernen und in Sätzen bestimmen (Differenzierungsseite)*
- *mit Satzgliedern „Treppensätze" bilden, evtl. auch in Englischer Sprache (Differenzierungsseite)*

Im dritten Schuljahr haben die Kinder den Begriff „Satzglieder" kennen gelernt und diese mit Hilfe der Umstellprobe ermittelt. Sie lernten die Fachtermini „Subjekt" und „Prädikat" als wichtige Begriffe zur Satzgliedbestimmung kennen und bildeten Sätze aus verschiedenen Satzgliedern. Daran wird nun mit der vorliegenden Lernportion angeknüpft.

Mit Hilfe des Satzfächers, der zum Einstieg in die Arbeit an den Satzgliedern zum Einsatz kommt, kann den Kindern nochmals deutlich vor Augen geführt werden, dass Satzglieder aus einem Wort oder einer Wortgruppe bestehen können. Entscheidend ist, dass sie bei einer Umstellung zusammenbleiben.

Die Kinder haben erfahren, dass ein vollständiger Satz aus einem Subjekt und einem Prädikat bestehen muss. Oft fehlen in derartig kurzen Sätzen jedoch wichtige Informationen. Dies kann den Kindern in einem Spiel verdeutlicht werden, das zugleich der Festigung der Begriffe „Subjekt" und „Prädikat" dient: Ein Kind wählt einen Spieler, das Subjekt. Das Subjekt darf nun sagen, wer oder was es ist, und es sucht sich jemanden als Prädikat. Das Prädikat nennt nun seine Bedeutung, z. B. *liest, kocht, rennt …* Die Frage ist, ob der Satz noch ein weiteres Satzglied,

eine Ergänzung braucht. Hier könnte auch schon mündlich auf das zweiteilige Prädikat eingegangen werden, falls es sich ergeben sollte. Zur besseren Visualisierung sollten die beteiligten Kinder Schilder mit den Termini „Subjekt" und „Prädikat" bzw. „Ergänzung" umhängen.

Das Fragen nach den Satzgliedern erfordert Übung und muss daher immer wieder trainiert werden. Hier können auch leistungsstärkere Kinder einem Partner helfen, wenn es nötig ist.

Besprechungspunkte und Aktivitäten für das Plenum

- LKV 7/1 und 7/2 einsetzen und verschiedene Sätze mit dem Satzfächer bilden
- ein Bilderbuch zum Thema „Ritter", ein großes „Wimmelbild" oder ein Plakat einsetzen und es als Unterstützung zum Finden von Sätzen nutzen
- Sätze umstellen und prüfen, welche Variante jeweils besser klingt
- DIN A4-Blätter mit Satzgliedern beschriften und damit Sätze bilden; die Kinder stellen sich passend zu Sätzen zusammen, ggf. auch Satzschlusszeichen auf große Blätter schreiben und an das Ende des Satzes stellen
- Fragesätze bilden und reflektieren, was sich gegenüber der Struktur von Aussagesätzen ändert
- zum Thema „Satzglieder" Merkplakate für das Klassenzimmer herstellen, dazu unterschiedliche Farben verwenden, die auch beim Unterstreichen der Satzglieder zum Tragen kommen (Subjekt blau, Prädikat rot, Akkusativobjekt grün, Dativobjekt gelb)
- Sammlungen zu Ergänzungen des Ortes und der Zeit auf zwei Plakaten anlegen und in der Klasse aufhängen
- ausprobieren, wie sich die Verwendung der Ergänzungen des Ortes und der Zeit (auch Art und Weise) auf eigene Sätze und Texte auswirkt

▶ Bausteine für Lernstandstests: Satzglieder, S. 87

Ideen zur Differenzierung / Hausaufgaben
▶ Arbeitsheft S. 52 und 53
- einen Satzfächer mit eigenen Sätzen erstellen, dabei auch Ergänzungen des Ortes und der Zeit berücksichtigen
- lustige Sätze mit zahlreichen Satzgliedern schreiben
- Bilder zum Thema „Mittelalter" malen oder als Gruppencollage zusammenstellen, dazu Sätze schreiben und Satzglieder bestimmen

3.1.8 Lernportion 8: Redensarten
(Themenheftseiten 44–47)

Inhaltliche Ziele
- *erfahren, dass Redewendungen mit Bildern (Metaphern) arbeiten und sie eine wörtliche und eine übertragene Bedeutung haben*
- *Redensarten verstehen und passenden Bildern zuordnen*
- *Redensarten mit eigenen Worten erklären können*
- *Redensarten als „Wortbilder" gestalten*
- *inhaltliche Fehler in Redensarten finden und korrigieren (Differenzierungsseite)*

In der letzten Lernportion haben die Kinder die Möglichkeit, sich mit bildhafter Sprache in Form von Redensarten zu beschäftigen. Dadurch machen sie sich eine andere Facette unserer Sprache bewusst, die ihren mündlichen Ausdruck und eigene Texte bereichern kann.

Sprichwörter und Redensarten sind ein fester Bestandteil unserer Sprache. Sie finden in verschiedenen Bereichen wie z. B. im Alltag, in der Werbung oder in der Politik Anwendung und werden von Jung und Alt gleichermaßen benutzt, häufig sogar unbewusst. Redewendungen sind feste Wortverbindungen, meist mit einer längeren Tradition. Die bildhaften Ausdrücke, die verwendet werden, lassen sich oft aus ihrer historischen Entstehungssituation heraus erklären (z. B.: „Jemanden im Stich lassen" ist eine Redewendung aus der Ritterzeit, als man sich mit Lanzen und Schwertern Stichverletzungen zufügte.). Auch wenn manche Bilder nicht immer für uns auf Anhieb transparent sind, ist die Bedeutung der Redensarten doch allgemein vertraut. Jeder weiß, was gemeint ist, sodass man festhalten kann, dass Redensarten auch auf der emotionalen Ebene sehr stark ansprechen.

In Abgrenzung zu Redensarten sind Sprichwörter ganze Sätze, die meist eine Lebenserfahrung ausdrücken. Beispiele: *Der frühe Vogel fängt den Wurm. Was Hänschen nicht lernt, lernt Hans nimmermehr. Man soll den Tag nicht vor dem Abend loben.*
Die Lernportion kann die Kinder für bildhafte Sprache sensibilisieren. Gleichzeitig lernen sie, die wörtliche Bedeutung von der übertragenen Bedeutung zu unterscheiden. In einem weiteren Schritt kann die Arbeit dazu führen, Redensarten als Stilmitteln in eigenen Texten zu verwenden und mit ihnen kreativ umzugehen, indem die Kinder Redensarten z. B. künstlerisch umsetzen.

Besprechungspunkte und Aktivitäten für das Plenum
- LKV 8/1 einsetzen und Redensarten die passenden Bilder zuordnen
- LKV 8/2 einsetzen und Redensarten die passende Bedeutung zuordnen
- LKV 8/3 einsetzen und verschiedene Redewendungen in Form eines Ratespiels pantomimisch vorspielen (Alternativ können Redewendungen auch sprachunterstützt von einigen Kindern vorgespielt werden, dazu wird jedoch ein wenig Vorbereitungszeit benötigt.)
- zu Redewendungen die wörtliche und die übertragene Bedeutung notieren (tabellarisch)
- eine Sammlung mit Redensarten anlegen, ggf. auch dazu malen
- im Internet zum Thema „Redewendungen" recherchieren, z. B. unter www.kindernetz.de

▶ Bausteine für Lernstandstests: Redensarten, S. 88

Ideen zur Differenzierung / Hausaufgaben
▶ Arbeitsheft S. 59
- Familie und Freunde nach bekannten Redensarten fragen und diese notieren; ggf. eine „Hitliste" der am häufigsten erwähnten Redensarten erstellen
- eine Geschichte zu einer bestimmten Redensart erfinden, z. B. „für jemanden durchs Feuer gehen", „mit dem Kopf durch die Wand rennen" oder „sich etwas hinter die Ohren schreiben"
- ein Wort-Bild zu einer Redensart gestalten (s. Themenheftseite 47)
- Redewendungen zu bestimmten Themen bzw. zu bestimmten Stichwörtern zusammentragen; Es kann zum Beispiel vereinbart werden, Redewendungen zu suchen, die jeweils eins der folgenden Wörter enthalten: *Hund, Nase, Teufel, Auge, Geld.*
- Sprichwörter ergänzen bzw. vervollständigen, dazu das Internet nutzen, z. B.:

Aller guten Dinge sind _____ .
Durch Schaden wird man _____ .
Den Letzten beißen _____ .
Ein blindes Huhn findet _____ .
Bei Nacht sind alle _____ .
Alter schützt _____ .
Der Klügere gibt _____ .
Erst die Arbeit, _____ .
Ein Unglück kommt _____ .
Der frühe Vogel fängt _____ .
Wer A sagt, muss _____ .

3.2 Themenheft 2: Richtig schreiben

3.2.1 Lernportion 1: Im Wörterbuch nachschlagen (Themenheftseiten 5–9)

Inhaltliche Ziele
- *das Alphabet wiederholen und Wörter alphabetisch ordnen, auch nach dem zweiten oder dritten Buchstaben*
- *sich im Wörterbuch zurechtfinden und es effizient nutzen*
- *die Begriffe „Leitwort" und „Nebenstichwort" kennen lernen*
- *zu Nebenstichwörtern verwandte Wörter finden, unter denen nachgeschlagen werden kann*
- *die richtige Schreibweise von zusammengesetzten Nomen und von Verben nachschlagen*
- *passende Artikel zu Nomen und Mehrzahlformen nachschlagen*
- *Wortbedeutungen nachschlagen*
- *Fremdwörter in einem Text mit Hilfe eines Wörterbuches kontrollieren und verbessern*
- *Schreibweisen von Fremdwörtern mit Hilfe eines Wörterbuches überprüfen; Erklärungen zu Fremdwörtern notieren (Differenzierungsseite)*

Auch wenn zunehmend elektronische Medien an Bedeutung gewinnen, in denen man Wörter eingeben kann, die dann hinsichtlich ihrer Rechtschreibung geprüft werden, ist es nach wie vor auch wichtig, dass die Kinder ihre Fähigkeiten im Nachschlagen erweitern und ausbauen. Erst wenn sie sich im Gebrauch von Nachschlagewerken sicher fühlen, werden sie diese Medien auch nutzen, um Schreibweisen oder inhaltliche Fragen zu klären. Viele Kinder sind auch in den weiterführenden Schulen noch unsicher beim Nachschlagen bzw. nutzen die vielfältigen Möglichkeiten des Nachschlagens nicht, weil sie dabei nicht schnell genug zum Ergebnis kommen. Ziel aller Übungen ist daher ein selbstständiger, souveräner Umgang mit Wörterbüchern und anderen Nachschlagewerken. Schwächeren Kindern muss allerdings zunächst immer wieder die Gelegenheit gegeben werden, sich mit einfacheren Aufgaben zu beschäftigen, wobei die Handlungsorientierung eine wichtige Rolle spielt. Es hilft diesen Kindern beispielsweise sehr, Wortkärtchen alphabetisch zu ordnen, was im Übrigen auch eine Übungsform ist, bei der qualitativ und quantitativ gut differenziert werden kann.

Besprechungspunkte und Aktivitäten für das Plenum
- LKV 9/2 einsetzen und Wörter nach dem Alphabet ordnen (auch als Wettspiel)
- LKV 10/1 einsetzen und schwierige Wörter bzw. Fremdwörter in einem Text nachschlagen und verbessern. Die Kopiervorlage bezieht sich auf die Themenheftseite 8, allerdings sind die falschen Wörter nicht markiert, wodurch sich die Seite eher an stärkere Lerngruppen richtet.
- Buchstaben an die Tafel schreiben, die Kinder nennen Nachfolger und Vorgänger
- Kinder stellen sich auf dem Schulhof in der Reihenfolge des Alphabets auf (Vornamen, Nachnamen)
- „Stadt-Land-Fluss-Spiele" (auch mit Wortarten möglich)
- die Aussagen von Aufgabe 2, Themenheft Seite 5, vorlesen; bei richtiger Aussage aufstehen, bei falscher Aussage sitzen bleiben
- Nachschlagespiel „auf Zeit" (mit Wörterliste oder Wörterbuch): Seitenzahl bestimmter Wörter finden, Pluralformen, unter welchem Leitwort findest du …, Vergangenheitsformen, Schreibweise von Fremdwörtern (s. auch Handlungsbild von S. 9)
- Fremdwörter diktieren, mit Hilfe des Wörterbuchs korrigieren lassen
- nacheinander geläufige Fremdwörter erklären, Kinder schreiben Lösungen auf, nach 5–10 Begriffen Tafel aufklappen oder mündlich erst nur vergleichen und dann mit einem Wörterbuch die Schreibweise prüfen, Punkte geben (einmal für die richtige Lösung, einmal für die richtige Schreibweise), z. B.:
  – *Damit wäscht man sich die Haare.*
  – *Das nimmt man, wenn man krank ist.*
  – *So nennt man das Abc auch.*
  – *Dort kann man Bücher ausleihen.*
  – *Bauwerk in Ägypten.*

▶ Bausteine für Lernstandstests: Im Wörterbuch nachschlagen, S. 89

Ideen zur Differenzierung/Hausaufgaben
▶ Arbeitsheft S. 7 und 8
- Abc-Blatt füllen (z. B. mit Tieren, Berufen, Ländern, nur mit Verben etc.), erst allein, dann paarweise, dann mit Wörterbuch/Atlas
- alle Tiere aus der Wörterliste herausschreiben
- Fremdwörter aus der Wörterliste herausschreiben

3.2.2 Lernportion 2: Mit Silben arbeiten (Themenheftseiten 10–14)

Inhaltliche Ziele
- *Silbenanzahl von Wörtern erkennen*
- *Silbenbögen einzeichnen, Silbenkerne markieren*
- *das Silbensprechen beim Schreiben nutzen*
- *Silbenbögen zur Rechtschreibkontrolle nutzen*
- *Silbenkerne in Lückenwörter einsetzen*
- *Trennungsregeln kennen und anwenden*
- *mit Silben sprachspielerisch umgehen (Differenzierungsseite)*

Die Arbeit mit Silben nimmt im Rechtschreibkonzept von „Einsterns Schwester" eine wichtige Rolle ein und führt die Kinder im Verbund mit weiteren Rechtschreibstrategien und Tipps zu solider Rechtschreibkompetenz. In Klasse 4 geht es u.a. um längere Wörter, deren Wortstruktur den Kindern mit Hilfe des Silbensprechens und des Einzeichnens von Silbenbögen transparent wird. Gerade bei schwierigen Wörtern sind die Kinder dazu gehalten, „Stolperstellen" (z.B. in der Silbenfuge) mit Hilfe von Silbenbögen zu kontrollieren. Eine Vielzahl von spielerischen Übungen, die für die Kinder sehr motivierend sind, runden das Kapitel ab (Silbenkerne zu Lückenwörtern finden, zu Silbenkernen passende Wörter finden, verwürfelte Silben zu Wörtern reorganisieren etc.).

Besprechungspunkte und Aktivitäten für das Plenum
- LKV 10/2 einsetzen und Silben von längeren Nomen in die richtige Reihenfolge bringen
- LKV 11/1 einsetzen und Trennungsregeln wiederholen, anschließend gemeinsam Beispielwörter zu den Regeln sammeln
- LKV 11/2 einsetzen und Trennungsregeln anwenden. Zunächst geht es darum, die Bezeichnungen den richtigen Instrumenten zuzuordnen, was auch gut gruppenweise geschehen kann. Auf drei Wortkärtchen sind Instrumente genannt, die aussortiert werden müssen (Bratsche, Tuba, Gong). Darüber sollte mit allen Kindern auch gesprochen werden. Die Trennung der Bezeichnungen kann zunächst gemeinsam in der Gruppe mit Silbenbögen und ggf. Markierung der Silbenkerne erledigt werden. Schwächeren Kindern hilft es, wenn sie die Wörter in Silben zerschneiden dürfen.
- Wörter aus Aufgabe 1, Themenheft Seite 10, vorlesen; Die Kinder stehen nur bei zweisilbigen Wörtern auf.

- lange Wörter/Wortgruppen vorsagen, gemeinsam nachsprechen, dann in Silben sprechend auswendig aufschreiben, z.B. *Hosentaschenknopfloch, supergenialmegastark, Naturkundemuseumswärter, Geburtstagstortenwettessen, Fischschwanzschuppenschillern, Rauchzeichenbotschaftsüberbringer*
- Silbenkernrätsel zu beliebigen Wörtern (Silbenkerne an die Tafel schreiben, die Kinder finden möglichst viele passende Wörter dazu); Die Kinder können auch selbst solche Rätsel für ihre Mitschüler aufzeichnen (einer an der Tafel für alle oder paarweise).
- längere Wörter eine Minute lesen und einprägen lassen, dann auswendig aufschreiben, z.B. aus dem Text der Themenheftseite 11: *Korridor, Einmachgläser, Naturkundemuseum, Elementargeisterchen, Koboldchen, Blumenelfen, Fischschwänzchen, Wassermännlein, Feuergeisterchen, Salamander*
- Wörter ohne Silbenkerne aufschreiben, erraten und richtig aufschreiben lassen
- in einem beliebigen Text Silbenkerne schwärzen, Text lesen lassen
- Plakat mit Trennungsregeln für den Klassenaushang erstellen, Beispielwörter zu den Regeln großformatig als Wörterlisten dazuhängen
- Buch „Der Wunschpunsch" (s. Themenheftseite 11) nach und nach zu einem festen Termin in der Woche vorlesen

▶ Bausteine für Lernstandstests: Mit Silben arbeiten, S. 90

Ideen zur Differenzierung/Hausaufgaben
▶ Arbeitsheft S. 13 und 14
- Partnerschreibspiel: Ein Kind schreibt eine beliebige Silbe auf (z.B. *tan*), das Partnerkind ergänzt zu einem Wort (*tanzen*). Weitere Wörter werden gebildet. Dabei muss auch auf die Wortart bzw. die Groß- und Kleinschreibung geachtet werden. Es bietet sich an, mit zwei verschiedenen Farben zu schreiben.
- Nomen in einem Text markieren und nach der Anzahl der Silben geordnet aufschreiben, ggf. unterstützend Silbenbögen einzeichnen
- eigene Silbenrätsel erfinden und ein Partnerkind oder die gesamte Lerngruppe lösen lassen

3.2.3 Lernportion 3: Merkwörter
(Themenheftseiten 15–19)

Inhaltliche Ziele
- *Wörter mit ai aus Buchstaben zusammensetzen und sich merken*
- *äh/öh/üh in Wörter passend einsetzen*
- *Reimwörter mit äh/öh/üh zuordnen*
- *Wörter mit Y/y nach dem Klang des Lautes ordnen und sich merken*
- *Merkwörter selbstständig mit einem Merkwortfächer üben*
- *kleine Merkwörter mit verschiedenen Übungsformen trainieren (Differenzierungsseite)*

Trotz aller Rechtschreibstrategien, deren Anwendung die Kinder immer mehr beherrschen, bleibt ein nicht unerheblicher Bestand an Wörtern, deren Schreibung man nicht durch Regeln herleiten kann. Diese Wörter müssen von den Kindern als Merkwörter in verschiedenen Übungsformen und Zusammenhängen immer wieder geübt werden, damit sie sich einprägen. Dabei gilt: Je vielseitiger die Übungsformen, desto motivierender ist der Rechtschreibunterricht für alle Kinder und desto wahrscheinlicher entdeckt das einzelne Kind eine Methode, die ihm zusagt und hilft.
Oft wird für Lehrkräfte und Schülerinnen und Schüler keine eindeutige Unterscheidung zwischen Lern- und Merkwörtern vorgenommen. Dies führt auf beiden Seiten häufig zu Verwirrung und macht die Liste der zu übenden Wörter unendlich lang. Beruft man sich auf die Methode der „Freiburger Rechtschreibschule", so sind Merkwörter einzig und allein die Wörter, deren Schreibweise man sich nicht durch korrektes Schwingen in Sprechsilben bzw. durch die Strategien „Ableiten und Verlängern" selbst erschließen kann.

An dieser Stelle sei nochmals darauf hingewiesen, welche Wörter nach der FRESCH-Methode als Merkwörter gelten:
- Wörter aus dem Bereich des rhythmischen Verlängerns und Ableitens, die nicht oder nur sehr schlecht verlängert werden können (*bis, bald, Jagd* etc.),
- Wörter, die nicht weitergeschwungen werden können (*nimmt*),
- Wörter, die nicht von a-Wörtern abgeleitet werden können (*Käfig, Märchen, Käse* etc.)
- *V/v*-Wörter (*Vase, Vampir, Vogel, von* etc.),
- Wörter mit *Dehnungs-h* (in „Einsterns Schwester" für Klasse 4 Wörter mit *äh, öh, üh*),
- Wörter mit ähnlichen Lauten (*Fuchs, Hexe, links* etc.),

- Doppelvokalwörter (*Moor, Beet, See, Saal* etc.),
- Wörter mit *langem i*, die nicht mit *ie* geschrieben werden (*Tiger, Fibel, Mandarine, lila, Musik* etc.),
- *kleine Wörter*, die häufig vorkommen und nicht abgeleitet werden können (*und, oder, stets, denn, dann, zuletzt, deshalb* etc.),
- Wörter mit *ai* (*Mais, Kaiser, Saite* etc.),
- Wörter mit *Y/y*.

Merkwörter werden in Klasse 4 auf einem Merkwortfächer gesammelt. Dieser Fächer kann beliebig erweitert und ergänzt werden. Zu den auf Seite 19 im Themenheft beschriebenen Übungen und den Anregungen auf den Seiten 17 bzw. 18 können ohne großen Aufwand weitere Übungsformen entwickelt werden – auch von den Kindern. Lernwörter hingegen schließen Merkwörter mit ein und können zu übergeordneten Themen mit der Klasse selbst gesammelt werden bzw. sie sind als Wortmaterial vorgegeben. Die blau unterlegten Wörterkästen des Themenheftes enthalten sowohl Lernwörter als auch Merkwörter.
Möglicher Umgang mit den Wörterkästen:
Arbeitet man im dritten oder vierten Jahr bereits konsequent nach der FRESCH-Methode, bietet es sich an, ausschließlich die Merkwörter mit Hilfe von Wortlistentraining (s. auch S. 17, Aufgabe 2), Lernkarteikarten oder verschiedenen Übungsdiktatformen (Schleichdiktat, Dosendiktat etc.) zu trainieren. In diesem Fall kann man aus den Wortlisten die reinen Merkwörter „heraussieben" und nur diese üben.

Besprechungspunkte und Aktivitäten für das Plenum
- LKV 12/1 einsetzen und Reimwörter mit *äh, öh* und *üh* zuordnen, ggf. gemeinsam weitere Reimwörter finden
- LKV 12/2 einsetzen und Wörter mit *Y/y* nach dem Klang des y-Lautes ordnen

▶ Bausteine für Lernstandstests: Merkwörter, S. 91

Ideen zur Differenzierung / Hausaufgaben
▶ Arbeitsheft S. 21
- Sätze bilden, in denen möglichst viele Merkwörter vorkommen
- Merkwörter mit *ai* nach der Silbenzahl ordnen
- einen zusammenhängenden Text mit möglichst vielen *ai*-Wörtern schreiben

3.2.4 Lernportion 4: Ableiten und verlängern (Themenheftseiten 20–24)

Inhaltliche Ziele
- *Wörter/Wortstämme mit b/d/g und Doppelmitlaut verlängern*
- *durch Verlängern die richtige Schreibweise von Fehlerwörtern finden*
- *Wörter Schwungmustern zuordnen*
- *zu Schwungmustern eigene Wörter finden*
- *Wörter mit ä nach ihren Wortarten ordnen und ableiten*
- *zu Wortfamilien mit ä/äu den Wortstamm und verwandte Wörter finden*
- *Wörter mit ä/äu von Wörtern mit e/eu unterscheiden; unbekannte Wörter im Lexikon nachschlagen (Differenzierungsseite)*

Vom Klang her kann nicht entschieden werden, ob ein Wort mit *e* oder *ä*, mit *eu* oder *äu* geschrieben werden muss. Hier können sich die Kinder mit der Strategie „Ableiten" helfen. Dabei wird die Wortfamilie des fraglichen Wortes nach Hinweisen untersucht. So lässt sich die richtige Schreibweise ableiten, z. B. *Äffchen* von *Affe*, *Bäcker* von *backen*, *Bäume* von *Baum* etc. Einige Wörter mit *ä* lassen sich allerdings nicht ableiten und müssen als Merkwörter gelernt werden (*Käse, Käfig, Bär, März, Säge, Käfer, Mädchen, Märchen, vorwärts, Träne etc.*).

Die Strategie des rhythmischen Verlängerns oder Weiterschwingens hilft, Wörter richtig zu schreiben, deren Schreibweise am Wort- oder Wortstammende nicht eindeutig abgehört werden kann (Auslautverhärtung, z. B. bei *Kind, Zwerg, Korb* etc., und Konsonantenverdopplung, z. B. bei *stumm, nett, Fall* etc.). Durch Verlängern kann jedoch auch ein *stummes h* bei Verben hörbar gemacht werden (*silbentrennendes h*), z. B. *geht* kommt von *ge-hen*. Hilfreicher Trick nach FRESCH, um Wörter zu verlängern: Vor das entsprechende Wort eines der „Zauberwörter" *alle* oder *viele* setzen. So wird der Plural von Substantiven gebildet, werden Adjektive gesteigert und Verben konjugiert, sodass ein Erkennen der Laute beim Weiterschwingen und damit das Ableiten der richtigen Schreibweise möglich ist.

Ableiten und Verlängern wurden als Strategien bereits in Klasse 3 eingeführt und werden hier nun vertieft. Ebenso wird die Unterscheidung zwischen *eu/äu* sowie die Unterscheidung zwischen *Merkwörtern mit ä* und *Ableitungswörtern mit ä* vorgenommen.

Beim Verlängern wurden erstmals zusammengesetzte Wörter aufgenommen. Die Kinder sollen hier mit Hilfe von Schwungmustern die Verlängerungsstelle erkennen. In Lernportion 8 (Rechtschreibstrategien anwenden) werden die beiden Strategien erneut aufgegriffen und ihre Anwendung trainiert.

Besprechungspunkte und Aktivitäten für das Plenum
- LKV 13/1 einsetzen und zusammensetzten Nomen das jeweils passende Schwungmuster zuordnen
- LKV 13/2 einsetzen und Wörter mit *ä* und *äu* einem passenden Wort mit *a* bzw. *au* zuordnen; weitere verwandte Wörter mit *a* bzw. *au* können gemeinsam ergänzt werden
- zu Schwungmustern Wörter suchen; Schwungmuster an die Tafel zeichnen/hängen, eine Wörtersammlung in Einzelarbeit oder Gruppenarbeit dazu machen; Es bietet sich an, mit einfachen Schwungmustern (einsilbig/zweisilbig) zu beginnen und schwierige Schwungmuster für die „Profis" unter den Kindern als Differenzierung bereitzuhalten.
- ein Memory mit Wörtern und ihren Schwungmustern gemeinsam herstellen und damit spielen

▶ Bausteine für Lernstandstests: Ableiten und verlängern, S. 92

Ideen zur Differenzierung/Hausaufgaben
▶ Arbeitsheft S. 27 und 28
- Wortstämme vorgeben und verwandte Wörter mit *ä* suchen lassen, z. B. zu den Wortstämmen *fahr, warm, wachs, jahr, glanz*
- Dosendiktat als Übungsform für Merkwörter und Ableitungswörter mit *ä*, z. B. mit folgendem Text:

> Regelmäßig rennt Toni zum Judotraining, um nicht zu spät zu kommen. Nur wenn Lilli, ein älteres Mädchen, ihn abholt, ist er pünktlich. Im März haben beide mit dem Team einen wichtigen Wettkampf. Das Training beschäftigt die Judogruppe fast täglich. Alle sind aufgeregt, denn jetzt sind es nämlich nur noch drei Wochen. Doch Toni ist Kapitän seiner Mannschaft und feuert alle an. Die Hälfte der Mannschaft ist schon topfit. Jetzt kann der Wettkampf allmählich kommen.

3.2.5 Lernportion 5:
Groß- und Kleinschreibung
(Themenheftseiten 25–29)

Inhaltliche Ziele
- *die Groß- und Kleinschreibung bei Zeitangaben beherrschen*
- *das Wortanfangsdiktat und das Legediktat zum Üben und Vertiefen der Groß- und Kleinschreibung nutzen*
- *Nominalisierungen von Verben erkennen*
- *erfahren, welche Wörter auf Nominalisierungen hinweisen*
- *Sätze mit nominalisierten Verben bilden*
- *mehrteilige Eigennamen großschreiben (Differenzierungsseite)*

Das Thema Groß- und Kleinschreibung ist noch bis in höhere Klassen immer wieder Thema im Rechtschreibunterricht. Oft haben die Schülerinnen und Schüler hierbei größere Schwierigkeiten. Das isolierte Üben innerhalb weniger Stunden im Schuljahr bringt meist recht wenig. Regelmäßiges Training und die Auseinandersetzung mit der Sprache sind wichtig, um Kinder zu kompetenten Rechtschreibern zu machen.

In dieser Lernportion werden auf der Doppelseite 26/27 zwei einfache, aber effektive Übungen zur Groß- und Kleinschreibung beschrieben: das Wortanfangs- und das Legediktat. Beide Methoden eignen sich hervorragend als Tages- oder Stundenbeginn. Täglich oder mehrmals in der Woche wird gemeinsam mit allen Kindern ein Satz oder werden mehrere Sätze entwickelt. Dies kann jedes Mal ein isolierter Satz oder aber über mehrere Tage hinweg eine zusammenhängende Geschichte sein.

Beim Wortanfangsdiktat schreiben alle Kinder gleichzeitig untereinander die Anfangsbuchstaben in der richtigen Groß- und Kleinschreibung auf. Es hat sich bewährt, hierzu untereinander aufschreiben zu lassen und nicht nebeneinander, um ein "Zusammenrutschen" der Buchstaben zu verhindern. Es bietet sich hier an, ein Linienblatt im Querformat zu wählen. So sind die einzelnen Spalten schon vorgegeben. Dann wird gemeinsam an der Tafel kontrolliert. Die Wortarten Nomen, Adjektiv und Verb werden benannt. Alle anderen Wörter sind hierbei "Restwörter". Natürlich können die benannten Kategorien durch beliebige andere Wortarten erweitert werden, je nachdem, was gerade im Unterricht Thema war (z. B. Pronomen oder Adverbien). Im gemeinsamen

Gespräch über den Satz liefern die Kinder jeweils die Begründung für die richtige Groß- bzw. Kleinschreibung. Dieses ausführliche Benennen sichert allmählich die Kenntnis der Wortarten. Dadurch, dass nur die Anfangsbuchstaben geschrieben werden, hat man auch "Schreibmuffel" schnell auf seiner Seite und man kommt rasch zu einem effektiven Üben.

Beim Legediktat schreiben die Kinder den Satz ebenfalls nicht auf, sondern legen ihn nur mit kleinen Papierstreifen. Für großgeschriebene Wörter werden die Streifen hochkant hingelegt, für kleingeschriebene quer. Danach wird dann der Satz an die Tafel geschrieben und die Wortarten werden benannt. Die Kinder kontrollieren so mit ihren Kartensätzen.

Es bietet sich an, beide Diktatformen nach einiger Zeit zu erweitern und zusätzlich zur Groß- und Kleinschreibung auch die fehlerträchtigen Stellen zu benennen. So kann beispielsweise über Ableitungs- und Verlängerungswörter, über Zeitangaben oder über Merkwörter gesprochen werden. Jeder Satz wird auf diese Weise genau unter die Lupe genommen, Strategien und Merkwörter sind täglich präsent und die Kinder setzen sich mehrmals in der Woche intensiv mit der Rechtschreibung auseinander. Schwächeren Kindern hilft es sehr, wenn sie zunächst nur "zuhören". Mit der Zeit kommen die Sicherheit und der Mut, sich selbst in das Rechtschreib-Unterrichtsgespräch einzubringen.

Zum Schluss kann der Satz als Ganzes von den Kindern aus dem Gedächtnis geschrieben werden.

Besprechungspunkte und Aktivitäten für das Plenum
- LKV 14/1 einsetzen und Karten für das Lege- und Wortanfangsdiktat erstellen (für die Tafel hochkopieren oder für den OHP auf Folie kopieren), ggf. mehrfach kopieren, da die Wortarten häufiger in einem Satz vorkommen
- LKV 14/2 einsetzen und mehrteilige Eigennamen mit Großschreibung finden

▶ Bausteine für Lernstandstests: Groß- und Kleinschreibung, S. 93

Ideen zur Differenzierung / Hausaufgaben
▶ Arbeitsheft S. 35 und 36
- Verben vorgeben und die Kinder Sätze mit Nominalisierungen zu diesen Verben schreiben lassen
- Detektivaufgabe: herausfinden, wie die Groß- und Kleinschreibung bei Straßennamen angewandt wird (Beispiele aus der Umgebung zusammentragen)

3.2.6 Lernportion 6: Kurze und lange Selbstlaute (Vokale) unterscheiden (Themenheftseiten 30–34)

> **Inhaltliche Ziele**
> - *kurze und lange Stammvokale sicher unterscheiden*
> - *Symbole zur Kennzeichnung eines langen bzw. kurzen Vokals kennen*
> - *Wortpaare mit kurzem und langem Stammvokal finden*
> - *Wörter mit doppelten Konsonanten durch Weiterschwingen bzw. Verlängern am Wort- oder Wortstammende erkennen*
> - *Wörter mit einem Doppelkonsonanten erkennen und richtig schreiben*
> - *z oder tz in Wörtern unterscheiden*
> - *ck oder k in Wörtern unterscheiden*
> - *Trennungsregeln bei Wörtern mit tz und ck beachten*
> - *Wörter mit doppelten Mitlauten, tz und ck spielerisch üben und vertiefen (Differenzierungsseite)*

Das Unterscheiden von kurzen und langen Stammvokalen ist wichtig, um entscheiden zu können, ob ein Wort mit einem doppelten Konsonant geschrieben wird oder nicht. In den vergangenen Schuljahren wurde bereits intensiv geübt, lange und kurze Stammvokale zu unterscheiden. In dieser Lernportion wird das bisher Erarbeitete zunächst wiederholt, dann folgen verschiedene ergänzende und erweiternde Übungen auf unterschiedlichem Niveau.

Sehr oft wird in dieser Lernportion dazu aufgefordert, die Länge bzw. Kürze des Stammvokals zu kennzeichnen. Dies ist wichtig, damit die Kinder dazu angehalten sind, die Vokallänge bewusst abzuhören und sich bewusst für eine der beiden Möglichkeiten zu entscheiden. Wichtig ist – gerade für schwächere Schülerinnen und Schüler – auch die „Gegenprobe" beim Abhören der Länge des Stammvokals („Heißt es Huuupe oder Huppe?"). Dabei kann zur Verdeutlichung der Länge des Vokals eine passende Handbewegung hilfreich sein (Der Finger streicht über den Tisch oder klopft leicht auf den Tisch.).

Zentral ist für die Kinder auch die Strategie „Verlängern" bzw. „Weiterschwingen" im Zusammenhang mit einer Konsonantenverdopplung am Wortende. Am Wortende kann z. B. *tz* nur durch Verlängern hörbar gemacht werden, z. B. *Blitz – die Blitze,* die

Strategie greift aber auch bei Wörtern wie *still, Bett, hell, es brennt* etc.

Wörter mit *z* oder *tz* stellen eine sehr häufige Fehlerquelle auch bei größeren Kindern dar, deshalb widmet sich eine Seite in dieser Lernportion diesem Thema (Themenheftseite 32). Das Anlegen von Wörterlisten kann neben dem Beherrschen von Regeln und der „Eselsbrücke" Rechtschreibsicherheit vermitteln.

Besprechungspunkte und Aktivitäten für das Plenum

- LKV 15/1 einsetzen und Wörter danach ordnen, ob sie einen langen oder einen kurzen betonten Vokal haben
- LKV 15/2 einsetzen und Wörter mit *tz* und *z* nach ihrer Schreibweise ordnen
- Wörter vorlesen; Die Kinder stehen bei Wörtern mit kurzem betontem Vokal auf, bei Wörtern mit langem Vokal bleiben sie sitzen. Das Spiel kann auch variiert werden, indem die Kinder wie bei „Alle Vögel fliegen hoch" die Arme nach oben strecken.
- gemeinsam Wortpaare wie in Aufgabe 3, Themenheftseite 31, finden, z. B. *Plane – Panne, Gase – Gasse, grasen – hassen, grüßen – küssen* etc.
- Bilder aus einem handelsüblichen Memory-Spiel benennen, die entsprechenden Begriffe ebenfalls auf den langen bzw. kurzen Stammvokal hin abhören, Wörter ggf. von einzelnen Kindern an der Tafel notieren lassen, Vokallänge kennzeichnen

▶ Bausteine für Lernstandstests: Kurze und lange Selbstlaute unterscheiden, S. 94

Ideen zur Differenzierung / Hausaufgaben
▶ Arbeitsheft S. 46 und 47
- möglichst viele Reimwörter mit *ck* und *tz* finden, Reimwörter in eigenen kleinen Gedichten verwenden
- witzige Sätze mit vielen *tz*- oder *ck*-Wörtern aufschreiben und eventuell dazu malen, z. B.: *Eine dicke Schnecke hockt mit einer Zecke zusammen auf der Decke.*
- zusammen Reimwörter mit einem doppelten Konsonant, mit *tz* und *ck* suchen, Wörter evtl. für ein Memory nutzen (*Kasse – Tasse, satt – matt, Hecke – Decke* etc.); Schwierigkeitssteigerung: Reimwortpaare nach Wortarten ordnen

3.2.7 Lernportion 7: s-Laute
(Themenheftseiten 35–38)

Inhaltliche Ziele

- *s oder ß in Lückenwörter richtig einsetzen*
- *weitere Wörter mit ß in der Wörterliste finden*
- *zu Verben mit ß korrekt die Zeitformen bilden und ein verwandtes Nomen dazu finden*
- *entscheiden, wann in Sätzen „das" bzw. „dass" geschrieben wird, dazu „das" durch „dieses", „jenes" oder „welches" ersetzen*
- *aus zwei Nomen ein zusammengesetztes Nomen mit Fugen-s bilden; zu Worterklärungen das passende Nomen mit Fugen-s finden, eigene Wörter mit Fugen-s finden (Differenzierungsseite)*

Zur Schreibung des *s*-Lautes als *ß*, *ss* oder *s* gibt es zwar Regeln (Nach einem kurzen Vokal folgt immer *ss*. Nach einem langen Vokal folgt *s*, wenn der *s*-Laut stimmhaft gesprochen wird, *ß* folgt dann, wenn der s-Laut stimmlos gesprochen wird.), von diesen Regeln wird jedoch eine Vielzahl von Wörtern nicht erfasst (Unterscheidung von *dass/das, meistens, Gras, Maus, Haus* etc.). Aus diesem Grund werden die Wörter mit *ß* im Unterrichtswerk „Einsterns Schwester" generell als Merkwörter betrachtet. Die Unterscheidung der *s*-Laute mittels der Aussprache (summender *s*-Laut bzw. zischender *s*-Laut) kann in einigen Regionen Deutschlands als Hilfestellung angeboten werden. Im süddeutschen Raum ist diese Unterscheidung allerdings schwer bzw. kaum möglich, weil ausschließlich ein stimmloser *s*-Laut gesprochen wird.

Wie bei allen anderen Merkwörtern bietet es sich in Klasse 4 an, Merkwörter mit *ß* – wie auf der Themenheftseite 35 angeregt – mit Hilfe des Merkwort-Fächers zu üben und zu sichern.

In dieser Lernportion wird auch geübt, *das* und *dass* (als Konjunktion) zu unterscheiden. Dazu erfahren die Kinder, dass sie *das* in einem Satz durch *dieses, jenes* oder *welches* ersetzen können. Hinsichtlich der *dass*-Sätze (Objektsätze) sollte von vornherein darauf geachtet werden, dass die Kinder zwischen die verbundenen Sätze ein Komma setzen.
Die Differenzierungsseite in dieser Lernportion widmet sich dem Thema „Fugen-*s*". Da es im Deutschen keine konsequente Regel dazu gibt, wann ein Fugen-*s* steht, wird nur darauf hingewiesen, dass das Fugen-*s* manchmal zu beachten ist. Es steht aber stets am Ende einer Silbe.

Besprechungspunkte und Aktivitäten für das Plenum

- LKV 16/1 einsetzen und bei verschiedenen Lückenwörtern entscheiden, ob ein *s* oder *ß* eingefügt werden muss, ergänzend können dazu verwandte Wörter gesucht und aufgeschrieben werden
- LKV 16/2 einsetzen und *das* durch *dieses, jenes* oder *welches* ersetzen
- Wörtersuche zu *s*- und *ß*-Wörtern (in Anlehnung an das Handlungsbild auf der Themenheftseite 35): Nomen, Verben und Adjektive mit *s* bzw. *ß* finden und auf einem Plakat für den Klassenaushang zusammentragen
- Wörter mit *ß* mündlich und schriftlich in Sätzen verwenden, z. B. kleine Geschichten mit bestimmten *ß*-Wörtern erfinden, die zu Beginn an die Tafel geschrieben werden
- Wettspiel: Wörter mit *ß* möglichst schnell im Wörterbuch finden und die Seitenzahl nennen
- Kim-Spiele: Wörter mit *s* bzw. *ß* großformatig auf Kärtchen schreiben und im Stuhlkreis auslegen. Die Kinder sollen sich möglichst viele dieser Wörter oder ggf. auch die Reihenfolge, in der die Wörter gelegen haben, merken und sie dann auf einen Zettel schreiben. Alternative: Einige Kinder nehmen sich ein Kärtchen und formulieren dazu einen Satz. Die Sätze müssen von anderen Kindern wiederholt werden, die sich dann ein weiteres Kärtchen zum Bilden eines Satzes nehmen dürfen.
- Wörter mit *ß* bzw. *s* ohne Silbenkerne vorgeben und von den Kindern erraten bzw. richtig aufschreiben lassen

▶ Bausteine für Lernstandstests: *s*-Laute, S. 95

Ideen zur Differenzierung / Hausaufgaben

▶ Arbeitsheft S. 54
- Sätze mit *dass* aufschreiben
- Wörter mit *ß* auf verschiedene Weise ordnen: nach der Silbenzahl, nach dem Alphabet, nach der Anzahl der Buchstaben, nach Wortarten etc.
- Merkwörter mit *ß* in Geheimschrift als „Linienbilder" aufschreiben, ein Partner notiert das passende Wort
- zu Verben mit *ß* alle Personalformen in verschiedenen Zeitstufen aufschreiben
- möglichst lange Nomen mit *ß* finden, z. B.: *Heißluftballonreise, Blumenstraußverpackung, Heißgetränkeautomat, Kartoffelklöße …*

3.2.8 Lernportion 8: Rechtschreibstrategien anwenden (Themenheftseiten 39–43)

Inhaltliche Ziele

- *die vier Strategien und die zugehörigen Symbole kennen*
- *„Nachdenkstellen" mit Hilfe der Strategien überprüfen*
- *markierten „Nachdenkstellen" die jeweiligen Strategien zuordnen*
- *kurzes und langes i unterscheiden und die richtige Schreibweise finden*
- *durch Silbensprechen Rechtschreibfehler in einem Text entdecken*
- *Fehlerwörter im Wörterbuch nachschlagen*
- *markierten Fehlerstellen die jeweils richtige Strategie zuordnen*
- *zu den Strategiezeichen passende „Nachdenkwörter" finden und richtig schreiben*
- *fehlerhafte Texte mit Hilfe aller Strategien und Rechtschreibtipps verbessern*
- *sich mit Hilfe der bevorzugten Strategie (Silbensprechen bzw. Verlängern oder Überprüfen des Selbstlautes und der folgenden Mitlaute) für die richtige Schreibweise bei Wörtern mit Doppelkonsonant, ck und tz entscheiden, i oder ie in Lückenwörter richtig einsetzen, ein „Kuckucksei" in Wortfamilien finden (Differenzierungsseite)*

Die letzte Lernportion des Themenheftes „Richtig schreiben" macht den Kindern nochmals im Zusammenspiel bewusst, welche Rechtschreibstrategien sie bereits gelernt haben. Sie gibt ihnen die Möglichkeit, ihr Wissen gezielt einzusetzen, wobei die Strategiezeichen nach wie vor eine wertvolle Hilfe sind. Bei der Arbeit an den verschiedenen Übungsformen erfahren sich die Kinder als „aktive Konstrukteure" der Rechtschreibung, die Schreibweisen immer wieder reflektieren und überprüfen. Daher ist es in der Didaktik mittlerweile auch wieder „erlaubt", Schülerinnen und Schülern Texte mit Rechtschreibfehlern zu präsentieren, um sie hinsichtlich der Rechtschreibung überarbeiten zu lassen.

Überlegungen zur Rechtschreibung können in dieser Lernportion auch immer wieder mit einem Partner oder in der Gruppe als eine Art „Rechtschreibgespräch" angestellt werden. Wichtig ist – gerade auch im Hinblick auf die weiterführende Schule – dass die Kinder in der Anwendung der Strategien und Begründungen immer sicherer werden.

Bei der Arbeit an dieser Lernportion ergibt sich auch immer wieder die Gelegenheit, unbekannte Schreibweisen in einem Wörterbuch nachzuschlagen (s. beispielsweise Themenheftseite 41, „Einen Text verbessern").

Besprechungspunkte und Aktivitäten für das Plenum

- LKV 17/1 einsetzen und Rechtschreibstrategien anhand der vier Symbole, die großformatig kopiert werden, mit den Kindern wiederholen; passende Wörter zu jeder Strategie nennen und z. B. an der Tafel aufschreiben lassen
- schwierige Wörter der Themenheftseite 39 als Gesprächsanlass nutzen, Strategien besprechen (*Schullandheim, echt, furchtbar, gab, täglich, Kartoffeln, essen, Bett, schmutzig, überall, bestimmt, Läuse, wandern, Ausflug, Vesper, draußen, Äste, Tanne, Eichhörnchen, Waldweg, Bäume, häufig, Fuchs, Förster, Jäger, Reh, nass*)
- LKV 17/2 einsetzen und Rechtschreibfehler in Texten finden und mit Hilfe der Strategien Wörter richtig schreiben
- Fremdwörter auf Kärtchen schreiben, verdeckt auslegen und im Plenum von den Kindern nach und nach aufdecken lassen, zu jedem Fremdwort wird dann mündlich ein passender Satz gebildet. Jedes Kind kann zwei Fremdwörterkärtchen erstellen, die dann verdeckt ausgelegt werden. Dabei darf auch ein Wörterbuch benutzt werden, um vor dem Auslegen der Wörter die Rechtschreibung zu kontrollieren.

▶ Bausteine für Lernstandstests: Rechtschreibstrategien anwenden, S. 96

Ideen zur Differenzierung / Hausaufgaben

▶ Arbeitsheft S. 60

- eigene Texte am Computer schreiben, dabei einige Fehler „einbauen" und in einer zweiten Version des Textes markieren; Ein Partnerkind soll die Fehler finden, die richtige Schreibweise begründen und darf anschließend mit der zweiten Vorlage vergleichen.
- Merkwörter mit lang gesprochenem *i*, die mit einfachem *i* geschrieben werden, auf einem „Igelplakat" zusammenstellen
- Reimwörter mit einem doppelten Konsonant zusammenstellen
- Wortfamilienplakate in Gruppen anlegen, z. B. zu folgenden Wortstämmen: *fahr, fühl, wahl, zähl*

3.3 Themenheft 3: Texte schreiben

3.3.1 Lernportion 1: Kreatives Schreiben fördern (Themenheftseiten 5–8)

Inhaltliche Ziele
- *die Anfangsbuchstaben des eigenen Namens zum Finden von Schreibideen auf der Wortebene nutzen und Monogramme gestalten*
- *Wörter in einem Text durch andere passende Wörter ersetzen*
- *Wörter in einem Text nach formalen Kriterien ersetzen*
- *zusammen mit einem Partnerkind eine Fortsetzungsgeschichte schreiben (Differenzierungsseite)*

In der heutigen Schreibdidaktik sind kreative Schreibmethoden zu selbstverständlichen methodischen Elementen geworden, die den Kindern nachhaltig Freude am Schreiben vermitteln können. Dabei wird nicht nur das Endprodukt, der fertige Text, in den Blick genommen. Dem Entwickeln von Schreibideen, was auch das Sammeln und Strukturieren von Ideen einschließt, kommt innerhalb des Schreibprozesses eine wichtige Bedeutung zu, denn ohne Schreibidee entsteht letztlich kein Schreibergebnis.

Das Unterrichtsmaterial „Einsterns Schwester" gibt den Kindern durch alle Schuljahre hindurch Verfahren an die Hand, die dabei helfen, Schreibideen zu entwickeln. So wurden z.B. in Klasse 3 Wörtersammlungen oder Cluster angelegt, die die Schülerinnen und Schüler dabei unterstützen, sich mit bestimmten Themen intensiv auseinanderzusetzen. Das Arbeiten auf der Wortebene trägt dazu bei, Schreibblockaden zu vermeiden bzw. aufzuheben, da die Kinder sich von der Vorstellung lösen können, einen fertigen Text „abliefern" zu müssen. Die Schreibideen und kreativen Impulse, die in „Einsterns Schwester" für die 4. Klasse vorgestellt werden, ermöglichen es, dass beim Schreiben die Imaginationskraft aktiviert wird, dass Schreibblockaden abgebaut werden können und die vorhandene Schreibfreude zur Entfaltung gebracht wird. Dabei wird auch mit dem Prinzip der Irritation gearbeitet, wenn – wie auf der Themenheftseite 7 – Wörter aus dem Kontext nach formalen Kriterien durch andere Begriffe ersetzt werden sollen. Das Prinzip der Irritation zielt hier darauf ab, beim Schreiben die im Alltag eingeschliffenen Vorstellungsmuster zu durchbrechen und

neuen Vorstellungen Raum zu geben. Dies geschieht auch, wenn die Kinder – wie auf der Differenzierungsseite 8 angeregt – Wörter und Überschriften aus Zeitungen gemeinsam in neue Zusammenhänge bringen und dadurch neue Sätze und Texte kreieren. Der Alltagsaspekt der Sprache wird dadurch sozusagen transformiert und ein neuer literarischer Kontext geschaffen.

Auch gestalterische Aspekte spielen im Rahmen der Förderung des kreativen Schreibens eine wichtige Rolle. Beispielsweise werden die Kinder dazu angeregt, Monogramme zu gestalten.

Besprechungspunkte und Aktivitäten für das Plenum
- LKV 18/1 einsetzen und zu Anfangsbuchstaben Wörter sammeln
- im Sitzkreis Sätze bilden, bei denen die Wörter jeweils mit einem bestimmten Buchstaben anfangen, z.B. „Kleine Kinder können keine Kirschkerne knacken."; Man beginnt mit einem Wort und jedes Kind ergänzt ein weiteres Wort. Wenn der Satz beendet ist, sagt das nächste Kind „Punkt". Die Übung ist hilfreich für die Wortfindung und macht darüber hinaus nochmals den Satz als Einheit bewusst.
- gemeinsam Sätze entwickeln: Jedes Kind schneidet ein Wort aus einer Zeitschrift oder aus einer Zeitung aus (Überschrift). Zusätzlich erhält jedes Kind eine Nummer. Dann werden beliebig zwei oder drei Zahlen aufgerufen. Die Kinder mit den entsprechenden Ziffern treten vor, sagen ihre Wörter und versuchen, mit diesen zwei oder drei Wörtern einen Satz zu bilden. Es darf auch ein lustiger Satz sein, er sollte nur grammatikalisch korrekt sein. Man kann auch Wörter in einer Kiste vorbereiten und jedes Kind zieht blind ein Wort (Nomen). Aus den Sätzen können auch Geschichten entstehen.

▶ Bausteine für Lernstandstests: Kreatives Schreiben fördern, S. 97

Ideen zur Differenzierung/Hausaufgaben
▶ Arbeitsheft S. 9
- in einem erzählenden Text alle Nomen durch passende andere Nomen ersetzen, analog auch mit anderen Wortarten verfahren
- Zungenbrecher finden (z.B. mit Hilfe des Internets) und aufschreiben
- zu einem Namen ein Akrostichon schreiben
- Monogramme gestalten bzw. ein Alphabet in besonderer Schönschrift entwickeln

3.3.2 Lernportion 2: Andere schriftlich informieren (Themenheftseiten 9–13)

Inhaltliche Ziele
- *Merkmale einer E-Mail kennen lernen*
- *Fachbegriffe, die im Zusammenhang mit dem Verfassen von E-Mails eine Rolle spielen, kennen lernen und verwenden*
- *höfliche und persönliche Anredepronomen unterscheiden*
- *die Großschreibung der höflichen Anredepronomen beachten*
- *die Textsorte „Bericht" kennen lernen*
- *einen Bericht kriterienbezogen überprüfen*
- *selbst einen Bericht schreiben und in einer Wandzeitung veröffentlichen*
- *Abkürzungen, die beim elektronischen Kommunizieren relevant sind, kennen lernen und verwenden (Differenzierungsseite)*

In dieser Lernportion nimmt das Thema „E-Mails" einen vergleichsweise großen Raum ein. Dies ist nicht zuletzt der Tatsache geschuldet, dass unsere schriftliche Kommunikation immer mehr auf elektronischem Wege stattfindet, sodass „konventionelle Post" schon beinahe die Ausnahme ist. Die Vorteile von E-Mails liegen auf der Hand: Sie lassen sich schnell und preiswert versenden, man braucht keinen Umschlag und kein Porto, man kann auch Anhänge versenden und spart den Weg zum Briefkasten. Alle diese Punkte können mit den Kindern besprochen werden, wobei natürlich auch zu thematisieren ist, welche Nachteile E-Mails haben. Oft sind sie nämlich sehr unpersönlich und aufgrund der Eile fehlerhaft geschrieben. Es ist wichtig, dass die Kinder im Rahmen der Arbeit an dieser Lernportion auch die Gelegenheit haben, sich schriftlich über ihr Vorwissen und ihre Erlebnisse zum Thema „E-Mails" auszutauschen. Es ist oft erstaunlich, wie vielfältig die Erlebnisse sind und wie umfangreich das Wissen, das die Kinder zu diesem spezifischen Thema bereits haben. Auch mit dem Versenden von Kurznachrichten per Handy haben die Kinder meist bereits Erfahrungen, die zur Sprache kommen sollten. Die Schülerinnen und Schüler werden auch sicher sehr motiviert sein, sich mit der Themenheftseite 11 zu befassen, auf der gängige Abkürzungen der elektronischen Kommunikation behandelt werden.

Ein weiterer Schwerpunkt der Lernportion ist das Thema „Berichte". Nachdem die Kinder beim erlebnisorientierten Schreiben gelernt haben, einen Text möglicht gut auszuschmücken, ist das Verfassen eines sachlichen Berichtes für die Kinder ein Kontrast. Sie werden daher erst mit Beispieltexten und deren Beurteilung befasst, bevor sie selbst Berichte zu speziellen Themenvorgaben bzw. zu Themen ihrer Wahl verfassen.

Besprechungspunkte und Aktivitäten für das Plenum
- LKV 18/2 einsetzen und Begriffe aus dem E-Mail-Verkehr den passenden Erläuterungen zuordnen
- LKV 19/1 einsetzen und persönliche und höfliche Anredepronomen ordnen; die Wortkärtchen dazu nutzen, um mit jedem Pronomen mindestens einen Satz zu bilden
- weitere wichtige Aspekte des Schreibens von E-Mails mit den Kindern erarbeiten; wichtige Punkte können z. B. sein: Wann ist es sinnvoll, eine Mail zu schreiben, wann ist eher ein Brief geeignet? Umgang mit dem Mailprogramm, Länderkennzeichen (Die Abkürzung *de* steht für Deutschland, andere Länder, kommerzielle Anbieter oder Organisationen haben andere Abkürzungen.)
- weitere wichtige Begriffe „rund um das Internet" besprechen (z. B. *Account, Provider, Access* etc., dazu ggf. auch im Internet recherchieren)
- Gefahren durch „Spam-Mails" besprechen, die von Betrügern massenweise verschickt werden

▶ Bausteine für Lernstandstests:
  Andere schriftlich informieren, S. 98

Ideen zur Differenzierung / Hausaufgaben
▶ Arbeitsheft S. 15 und 16
- untereinander E-Mail-Adressen tauschen und sich gegenseitig als Hausaufgabe eine E-Mail senden, in der Anredepronomen verwendet werden; die E-Mails ausdrucken und Anredepronomen kennzeichnen; falls es sich aufgrund der Texte ergibt, auch Rechtschreibfehler thematisieren
- einen Unfallbericht schreiben (z. B. Unfall beim Eislaufen, Unfall mit Inline-Skates, Unfall in der Turn- oder Reithalle etc.) Erzählungen der Kinder von (eigenen) Unfällen können auch zu Schreibanlässen werden.
- die Berichte untereinander tauschen und mit Hilfe des Leitfadens auf der Themenheftseite 12 überprüfen
- einen „Willkommensbrief" für ein Kind schreiben und gestalten, das erst seit Kurzem in der Klasse ist (angenommene Situation)

3.3.3 Lernportion 3: Erlebnisse erzählen (Themenheftseiten 14–19)

Inhaltliche Ziele
- *eine Erlebnisgeschichte mit Hilfe eines Leitfadens stichwortartig planen*
- *zu Erlebnisgeschichten passende Überschriften finden*
- *den „Höhepunkt" als wichtigen Teil von erzählenden Texten kennen lernen*
- *Höhepunkte in Texten erkennen*
- *passende Ausdrücke und bildhafte Vergleiche für freudige und angsterfüllte Erlebnisse kennen lernen und verwenden*
- *mit Hilfe eines Leitfadens zu Bildern bzw. Überschriften spannende Erlebniserzählungen schreiben*
- *eine Erlebniserzählung in einer Schreibkonferenz überarbeiten*
- *eine vorgegebene Geschichte als Spielszene aufschreiben (Differenzierungsseite)*

In den vergangenen Schuljahren haben die Kinder bereits vielfältige Erfahrungen mit Geschichten gesammelt und eigene Erfahrungen in Texten verarbeitet und gestaltet. Daran kann nun mit der Lernportion „Erlebnisse erzählen" im vierten Schuljahr angeknüpft werden.

Mit Hilfe eines Leitfadens werden die Kinder in die Lage versetzt, eine Erlebniserzählung zunächst stichwortartig zu planen und dann auszugestalten. Sie lernen auch den Höhepunkt als strukturellen Teil von erlebnisorientierten Texten kennen und einsetzen. Im vierten Schuljahr sind die Kinder auch bereits dazu in der Lage, verstärkt bildhafte Sprache einzusetzen. Die Themenheftseite 18 bietet in diesem Zusammenhang die Gelegenheit, Ausdrücke, die für die Gefühle Angst und Freude stehen, kennen zu lernen, um sie später auch in eigenen Texten aktiv einsetzen zu können. Die Kinder können die Erkenntnis vertiefen, dass stilistische Gestaltungsmittel eingesetzt werden, damit die Texte ihre Wirkung beim Leser erzielen können. So erfahren sie stets auch, dass Arbeit am Text zugleich immer ein Zeichen der Wertschätzung des potenziellen Zuhörers oder Lesers ist. In diesem Zusammenhang muss auch die Anregung auf der Themenheftseite 19 verstanden werden, Geschichten in einer Schreibkonferenz zu überarbeiten. Wenn die Kinder zudem erleben, dass ihre Texte veröffentlicht werden, ist dies ein wichtiger zusätzlicher Impuls für die Motivation.

Die Differenzierungsseite der Lernportion 3 regt die Kinder dazu an, eine Geschichte als Spielszene aufzuschreiben und vorzuspielen. Dabei unterscheiden sie Angaben zum Sprecher, Regieanweisungen und Sprechanteile.

Besprechungspunkte und Aktivitäten für das Plenum
- LKV 19/2 einsetzen und zu einer Geschichte passende Überschriften finden
- LKV 20/1 einsetzen und verschiedene (bildhafte) Ausdrücke Gefühlen zuordnen
- gemeinsam verschiedene Ausdrücke für weitere Gemütszustände finden, z. B. Wut, Traurigkeit, Langeweile etc.
- kleine Geschichten vorlesen und gemeinsam passende Überschriften zusammentragen; darüber diskutieren, welche Überschriften sich gut eignen und welche weniger, ggf. ein „Ranking" festlegen
- den Leitfaden für das Verfassen von Erlebnisgeschichten großformatig auf Tonkarton übertragen und die Einzelteile mit einer dicken roten Kordel als „rotem Faden" verbinden
- anhand weiterer spannender Kurzgeschichten zusammentragen, auf welche Art und Weise bzw. mit welchen stilistischen Mitteln Spannung erzeugt wird
- im Sitzkreis Satz für Satz gemeinsam eine lustige Geschichte entwickeln, dabei darauf achten, die Verben in der Vergangenheit zu verwenden
- Erlebnisse in einem „Klassengeschichtenbuch" zusammentragen, ggf. die Geschichten auch für ein Erinnerungsbuch an die Grundschulzeit nutzen

▶ Bausteine für Lernstandstests: Erlebnisse erzählen, S. 99

Ideen zur Differenzierung/Hausaufgaben
▶ Arbeitsheft S. 22 und 23
- Ferienerlebnisse aufschreiben, dabei auf die Ausgestaltung eines Höhepunktes achten und diesen auch farbig markieren
- Schulerlebnisse aufschreiben und einen Partner Vorschläge für eine passende Überschrift machen lassen
- Geschichten austauschen und mit Hilfe des Leitfadens bzw. der aufgestellten Schreibkriterien überprüfen

3.3.4 Lernportion 4: Gegenstände genau beschreiben (Themenheftseiten 20–23)

Inhaltliche Ziele
- *einen Leitfaden für die Beschreibung eines Gegenstandes lesen und verstehen*
- *treffende Wörter (Fachwörter, anschauliche Adjektive, treffende Verben) in einer Gegenstandsbeschreibung verwenden*
- *eine Suchanzeige zu einem verlorenen Gegenstand lesen und selbst verfassen, dabei „W-Fragen" berücksichtigen*
- *Gegenstandsbeschreibungen miteinander vergleichen und mit Hilfe des Leitfadens kriterienbezogen überprüfen (Differenzierungsseite)*

Die Lernportion „Lebewesen genau beschreiben" im dritten Schuljahr fasst das Beschreiben von Menschen, Tieren und Pflanzen zusammen. Im vierten Schuljahr geht es nun darum, Gegenstände genau zu beschreiben, z. B. im Rahmen einer Suchanzeige.

Im Ansatz ist das Beschreiben durchaus schwieriger als das Darstellen von Erlebnissen. Zum einen setzt es sehr genaues Beobachten bzw. Wahrnehmen bestimmter Informationen voraus. Zum anderen bedarf es auch präziser Ausdrucksmöglichkeiten und eines genauen Wortschatzes, um das Gemeinte gut schriftlich darstellen zu können. Außerdem genügt es nicht, Wahrnehmungen und Informationen assoziativ einfach zu benennen. Vielmehr müssen zahlreiche Einzelinformationen geordnet und sinnvoll hintereinandergefügt werden, damit ein adressatengerechter Text entsteht, der seine Schreibabsicht erreicht. Dies ist im Rahmen der Behandlung des Themas „eine Suchanzeige schreiben" für die Kinder besonders gut nachvollziehbar.

Treffende Wörter zu finden, ist sehr wichtig, wenn es um die Qualität von Gegenstandsbeschreibungen geht. Die Arbeit an der Lernportion führt die Kinder u. a. zur Verwendung zusammengesetzter Adjektive, die besonders anschaulich und prägnant Merkmale bezeichnen können (z. B. *sonnengelb, froschgrün, uralt* etc.). Auch treffende Verben zur Beschreibung von Funktionen sowie spezifische Fachbegriffe sollen von den Kindern eingesetzt werden.

Wenn die Schülerinnen und Schüler darüber hinaus die Gelegenheit haben, ihre Texte hinsichtlich der im Leitfaden aufgestellten Kriterien zu überprüfen, ist es im nächsten Schritt auch sinnvoll, die Texte überarbeiten zu lassen.

Besprechungspunkte und Aktivitäten für das Plenum
- LKV 20/2 einsetzen und treffende Adjektive bzw. Adjektive mit ähnlicher Bedeutung zuordnen
- LKV 21/1 einsetzen und gemeinsam eine Suchanzeige zu einem verlorenen Gegenstand formulieren
- eine Adjektivsammlung mit zusammengesetzten Adjektiven als Plakat anlegen, dabei die Adjektive ggf. nach ihrem Grundwort alphabetisch ordnen (z. B. *weich: butterweich, schäfchenweich, wolleweich, …*)
- Ratespiel im Sitzkreis: Ein Kind beschreibt einen bestimmten Gegenstand (z. B. vereinbart man, dass es ein Gegenstand aus dem Klassenraum sein soll), die übrigen Kinder raten, um was es sich handelt. Das Kind, das die Lösung gefunden hat, darf als Nächstes einen Gegenstand umschreiben. Wichtig ist, dass die Beschreibungen genau und treffend sind, aber dennoch nicht zu viel verraten.
- treffende Adjektive, Fachwörter und Verben zu verschiedenen Gegenständen sammeln, z. B.: Armbanduhr, Fahrrad, Turnschuhe etc.

▶ Bausteine für Lernstandstests: Gegenstände genau beschreiben, S. 100

Ideen zur Differenzierung / Hausaufgaben
▶ Arbeitsheft S. 29 und 30
- ein fantasievolles Paar Schuhe malen und mit treffenden Adjektiven beschreiben
- Bilder von Spielzeugen malen, diese Bilder werden in einen Karton gelegt, von dort kann sich jedes Kind ein Bild holen und es beschreiben
- fantastische Fahrzeuge genau beschreiben, diese Texte werden in einen anderen Karton gelegt. Jedes Kind kann sich einen Text holen und das Beschriebene zu malen versuchen.
- ein besonders schönes Geschenk beschreiben, das man einmal zum Geburtstag oder zum Weihnachtsfest bekommen hat
- eine Suchanzeige für eine verlorene Armbanduhr schreiben
- eine Suchanzeige (z. B. für eine verlorene Sporttasche) am Computer schreiben und verschiedene Gestaltungen ausprobieren

3.3.5 Lernportion 5: Inhalte zusammenfassen (Themenheftseiten 24–27)

Inhaltliche Ziele
- *einen Leitfaden für die Zusammenfassung eines Textes lesen und verstehen*
- *einen erzählenden Text mit Hilfe von Stichworten zu einzelnen Abschnitten zusammenfassen*
- *die Zeitform (Präsens) in einer Zusammenfassung beachten*
- *eine Zusammenfassung zu einem Märchen unter Beachtung erarbeiteter Schreibkriterien verfassen*
- *eine Zusammenfassung zu einem Märchen unter den Aspekten Aufbau und Ausdruck überprüfen (Differenzierungsseite)*

Die Lernportion „Inhalte zusammenfassen" knüpft an Lernerfahrungen an, die die Kinder in der Lernportion 2 mit dem Schreiben von Berichten gemacht haben. Auch bei der Zusammenfassung kommt es darauf an, sachlich, ohne Gefühle und wörtliche Rede zu schreiben. Allerdings wird anders als im Bericht in der Gegenwart geschrieben, worauf die Kinder am Anfang immer wieder hingewiesen werden sollten, da sie sich oft an der Zeitstufe des Ausgangstextes orientieren und diese übernehmen.

Das Zusammenfassen von Texten setzt jedoch nicht erst beim Schreiben selbst an, sondern beim Textverständnis des Ausgangstextes. Daher ist es wichtig, dass die Kinder ausreichend Zeit und Ruhe haben, sich mit den Ausgangstexten, die zusammengefasst werden sollen, zu beschäftigen. Unbekannte Wörter müssen gemeinsam oder mit Hilfe von Nachschlagewerken oder mit Hilfe des Internets geklärt werden. Dann sollte der Text – sofern dies nicht schon durch das Layout vorgegeben ist wie zum Beispiel auf der Themenheftseite 25 – in inhaltliche Abschnitte gegliedert werden. Falls dies den Kindern schwerfällt, sollten weitere Texte hinzugezogen werden, die gemeinsam in Abschnitte unterteilt werden. Das Finden von Zwischenüberschriften ist ein probates Mittel, um Texte inhaltlich „in den Griff" zu bekommen, und dient unmittelbar auch den Kompetenzen, die beim Zusammenfassen von Texten benötigt werden. Zu einzelnen Abschnitten des Ausgangstextes werden dann zwei bis drei Stichworte notiert. Dies muss meist intensiv geübt werden, weil es den Kindern leichter fällt, Sätze zu formulieren als sich auf kurze, prägnante Stichworte zu beschränken. Der „rote Faden", der die Stichworte zusammenhält, ist ein

zentraler Aspekt der Arbeit am Thema „Zusammenfassungen". Man sollte ihn gerade zur Einführung des Themas visualisieren, indem beispielsweise Stichworte zu einer kleinen Geschichte oder Fabel (wie auf der Themenheftseite 25) großformatig auf Tonkarton geschrieben und mit einer roten Kordel verbunden werden. Auch der Leitfaden von Themenheftseite 24 kann großformatig für den Klassenaushang gestaltet werden, damit die Schritte, die für eine Textzusammenfassung notwendig sind, auch stets präsent sind.

Die Kompetenzen, die die Kinder im Rahmen der Arbeit an der Lernportion „Inhalte zusammenfassen" erwerben, können auch in das Thema „Buchvorstellungen" einfließen. Jedes Kind sollte in Klasse 4 einmal die Gelegenheit haben, ein Buch zu präsentieren. Dabei ist es wichtig, die Arbeitstechnik „Inhalte zusammenfassen" zu beherrschen.

Besprechungspunkte und Aktivitäten für das Plenum
- LKV 21/2 einsetzen und ein Zeitformen-Domino legen; Ein solches Domino kann von den Kindern mit anderen Verben auch selbst erstellt werden, z. B. in Partnerarbeit.
- LKV 22/1 einsetzen und Bilder zu einer Fabel in die richtige Reihenfolge bringen sowie Stichworte zu den einzelnen Bildern formulieren
- gemeinsam eine Geschichte in Abschnitte einteilen und Zwischenüberschriften finden
- einen informierenden Text lesen, in Abschnitte einteilen und Zwischenüberschriften finden
- gemeinsam überlegen, worin sich Bericht und Zusammenfassung unterscheiden bzw. welche Gemeinsamkeiten beide Textsorten haben
- Buchvorstellungen zu Kinderromanen planen und durchführen, dabei besonderes Augenmerk auf die Inhaltszusammenfassungen legen

▶ Bausteine für Lernstandstests: Inhalte zusammenfassen, S. 101

Ideen zur Differenzierung / Hausaufgaben
▶ Arbeitsheft S. 37 und 38
- für das Thema „Zusammenfassungen" in Klasse 4 geeignet sind auch Eulenspiegel-Geschichten oder Schwänke, z. B. von den „Schildbürgern"
- Fabeln von Aesop lesen und zusammenfassen, ggf. auch dazu malen

3.3.6 Lernportion 6: Fantasiegeschichten schreiben (Themenheftseiten 28–31)

> **Inhaltliche Ziele**
> - *einen Leitfaden für das Schreiben einer Fantasiegeschichte lesen und verstehen*
> - *„W-Fragen" für das Verfassen einer Einleitung nutzen*
> - *erfahren, dass Geschichten aus unterschiedlicher Sicht geschrieben sein können*
> - *den Hauptteil einer Geschichte aus einer Sicht schreiben*
> - *Schreibkriterien für das Verfassen eines Schlusses kennen lernen und anwenden*
> - *zu Bildern Stichworte für eine Fantasiegeschichte sammeln (Differenzierungsseite)*

Das Thema „Fantasiegeschichten schreiben" ist meist sehr motivierend für die Kinder, weil sie oft das Gefühl haben, dass sie jetzt „einfach loslegen" können. Daher ist es gerade bei dieser Textsorte wichtig, Schreibkriterien bewusst zu machen und insbesondere auf strukturelle Elemente zu verweisen.

Bereits in den vergangenen Schuljahren wurden den Kindern strukturelle Merkmale von Geschichten anhand von Textbeispielen bewusst gemacht und zugleich Planungs- bzw. Strukturierungshilfen zur Verfügung gestellt, die für das Entwickeln stimmiger Geschichten eine wichtige Rolle spielen. Oft sind Kinder sehr motiviert, Geschichten zu schreiben und fallen fast von einer Idee in die nächste, sodass für den Leser oder Zuhörer kaum der Eindruck einer stimmigen Erzählung entsteht. Statt einen Erzählstrang auszuarbeiten, gibt es zu viele „Nebenschauplätze" und Nebenhandlungen, die auch noch in den Text integriert werden. Daher ist es sehr wichtig, als Planungs- und Strukturhilfe auf den „roten Faden" aufmerksam zu machen, der auch auf der Themenheftseite 28 im „Leitfaden" aufgezeigt ist.

Die Lernportion „Fantasiegeschichten schreiben" rückt auch das Thema „Aus einer Sichtweise schreiben" in den Blick der Kinder. Es ist wichtig, dass die Kinder bewusst eine Perspektive einnehmen und konsequent aus dieser Perspektive heraus schreiben. Am besten lernen sie dies, wenn sie einen Inhalt zunächst aus unterschiedlichen Perspektiven betrachten, wie es auf der Themenheftseite 29 angeregt wird.
Im Rahmen der Bearbeitung der Lernportion kann auch immer wieder an Wortfeldern gearbeitet werden, um die Ausdrucksmöglichkeiten der Kinder zu erweitern und ihren Ausdruck zu präzisieren.

Besprechungspunkte und Aktivitäten für das Plenum
- LKV 22/2 einsetzen und den Einzelteilen einer Fantasiegeschichte (Überschrift, Einleitung, Hauptteil, Höhepunkt, Schluss) passende Erläuterungen zuordnen
- LKV 23/1 einsetzen und gemeinsam zu Überschriften Ideen für Fantasiegeschichten entwickeln und stichwortartig aufschreiben
- Buchcover von Kinderromanen projizieren (Titel abdecken) und gemeinsam Ideen für Fantasiegeschichten dazu entwickeln
- den Beginn einer Fantasiegeschichte vorlesen und die Kinder Ideen für eine Fortsetzung bzw. einen guten Schluss finden lassen
- Fantasiegeschichten der Kinder vorlesen und daraufhin überprüfen, ob sie sich ggf. für das Veröffentlichen in einem Erinnerungsbuch an die Grundschulzeit eignen
- Wortfelder zu verschiedenen Verben anlegen, z. B. zu *gehen (laufen, rennen, schleichen, trampeln, traben, …), schauen (sehen, erblicken, erspähen, wahrnehmen, …), sprechen (rufen, schreien, meinen, antworten, brüllen, flüstern, hauchen* etc.)
- Wortfelder zu Adjektiven anlegen, z. B. zum Adjektiv *schön: herrlich, prächtig, hübsch, wunderschön, nett, …*
- zu Nomen ähnliche Ausdrücke bzw. ggf. Synonyme sammeln, z. B.:
  Straße: Weg, Gasse, Allee, …
  Gedanke: Einfall, Idee, Geistesblitz, …

▶ Bausteine für Lernstandstests: Fantasiegeschichten schreiben, S. 102

Ideen zur Differenzierung/Hausaufgaben
▶ Arbeitsheft S. 48 und 49
- eine Fantasiegeschichte zu drei Reizwörtern schreiben, z. B. *Ferien, Waldhütte, Astronaut;* Ideen zur Geschichte zunächst in einem Cluster sammeln und Ideenstränge, die zusammengehören, farbig kennzeichnen
- ein stimmungsvolles Gemälde (z. B. von Caspar David Friedrich) als Anregung für das Schreiben einer Fantasiegeschichte nutzen
- mit einem Partner Ideen für eine Fantasiegeschichte entwickeln und stichwortartig aufschreiben; Jedes Kind verfasst dann dazu eine eigene Geschichte und liest sie jeweils dem Partner vor.

3.3.7 Lernportion 7: Handlungen beschreiben (Themenheftseiten 32–35)

Inhaltliche Ziele
- *einen Leitfaden für das Schreiben einer Spielanleitung lesen und verstehen*
- *sich mit anderen über Spiele austauschen*
- *Informationen zu Spielen sammeln und notieren*
- *Spielanleitungen lesen und verstehen*
- *eine Mindmap zu einem Spiel erstellen*
- *ein Spiel entwerfen, Spielregeln notieren und das Spiel erproben*
- *Spielanleitungen kriterienbezogen prüfen und überarbeiten (Differenzierungsseite)*

Das Thema „Handlungen beschreiben" wird im vierten Schuljahr unter dem Aspekt „Spielanleitungen verfassen" behandelt und dürfte für die Kinder von daher sehr motivierend sein, insbesondere, wenn sie auch hinreichend die Möglichkeit haben, Spielanleitungen auf ihre Umsetzbarkeit hin praktisch zu überprüfen.

Anleitungstexte haben einen deutlichen Adressatenbezug, der auch für Kinder gut nachvollziehbar ist, denn wer etwas erklärt, tut dies fast immer für andere. Somit ist auch einsichtig, was Anleitungstexte besonders auszeichnet: Sie müssen genau sein und Schritt für Schritt in der richtigen Reihenfolge erklären, was zu tun ist. Der Leitfaden für das Erstellen einer Spielanleitung auf der Themenheftseite 32 fasst zusammen, welche Aspekte bei einer Spielanleitung zu beachten sind. Durch Beispiele werden die Kinder in der Lernportion „Handlungen beschreiben" zunächst strukturell und sprachlich unterstützt. Sie werden auch darauf hingewiesen, unterschiedliche Satzanfänge zu beachten, was auch bereits im Kontext des erlebnisorientierten Schreibens ein wichtiges Thema war. Insgesamt gilt: Im Zuge der Arbeit an dieser Lernportion sollte auch hinreichend Gelegenheit sein, Anleitungstexte gemeinsam praktisch umzusetzen, um festzustellen, ob alles verständlich und sachlich richtig ist. Diese Überprüfung sollte auch und gerade dann stattfinden, wenn Kinder eigene Anleitungstexte verfassen (s. Themenheftseite 35, „Ein Lola-Spiel entwerfen"). Dann können zum Beispiel auch Kinder aus einer Parallelklasse gebeten werden, mit Hilfe der Anleitung ein Spiel nachzuvollziehen und es umzusetzen.

Differenzierend sollte den Kindern die Gelegenheit gegeben werden, ihre Spielanleitungen gemeinsam kriterienbezogen zu überarbeiten (Schreibkonferenz), damit sie ggf. auch veröffentlicht werden können (z. B. in einem Erinnerungsbuch an die Grundschulzeit oder in einem Schnellhefter als „Spielesammlung").

Besprechungspunkte und Aktivitäten für das Plenum
- LKV 23/2 einsetzen und besprechen, welche Teile eine Spielanleitung haben muss; Teile in eine sinnvolle Reihenfolge bringen
- LKV 24/1 einsetzen und Sätze einer Anleitung zum Spiel „Mensch ärgere dich nicht!" in eine sinnvolle Reihenfolge bringen
- mündlich Spiele vorstellen lassen; begründen, warum ein Spiel besonders gut ankommt
- darüber ins Gespräch kommen, was ein Spiel wie „Mensch ärgere dich nicht!" von Computerspielen unterscheidet, dabei vor allem den Aspekt des gemeinschaftlichen Spielens hervorheben
- LKV 24/2 und 25/1 einsetzen und ein „Lola-Spiel" erfinden und ausprobieren

▶ Bausteine für Lernstandstests: Handlungen beschreiben, S. 103

Ideen zur Differenzierung / Hausaufgaben
▶ Arbeitsheft S. 55 und 56
- die Spielanleitung zu einem Lieblingsspiel verfassen, Texte ggf. sammeln und zu einem kleinen Büchlein zusammenfassen; Jeder Text sollte von einem anderen Kind oder von einer Gruppe daraufhin überprüft werden, ob alles stimmig und verständlich ist und ob die Schritte in der richtigen Reihenfolge genannt sind.
- Spielanleitungen von Spielen, die zu Hause vorliegen, in Gruppen gemeinsam prüfen (dazu sollte für jedes Kind eine Kopie des Textes zur Verfügung stehen); Leistungsstarke Gruppen machen Vorschläge, was man überarbeiten könnte.
- sich bei Großeltern und ggf. Urgroßeltern darüber informieren, welche Spiele früher auf dem Schulhof und zu Hause gespielt wurden, Informationen stichwortartig notieren und darüber in der Schule berichten
- das Gemälde „Kinderspiele" (1560) des flämischen Malers Pieter Bruegel des Älteren betrachten; Dargestellt sind 80 verschiedene Kinderspiele, die die Zeit überdauert haben und zum Teil auch heute noch gespielt werden.

3.3.8 Lernportion 8: Gedichte schreiben (Themenheftseiten 36–39)

> *Inhaltliche Ziele*
> * *Merkmale von verschiedenen Gedichtarten erkennen (Elfchen, Haiku, Abzählvers, Reimgedicht)*
> * *die Gedichtform „Rondell" kennen lernen und mit dem entsprechenden Bauplan ein eigenes Rondell schreiben*
> * *die Gedichtform „Schneeballgedicht" kennen lernen und ein eigenes Schneeballgedicht schreiben und gestalten*
> * *ein kreatives Verfahren für das Verfassen eines Reimgedichtes kennen lernen und anwenden („Zehn-Wörter-Gedicht", Differenzierungsseite)*

Die letzte Lernportion des Themenheftes „Texte schreiben" widmet sich dem Thema „Gedichte schreiben", wobei die Kinder sich weitgehend an festen Formen und Textmerkmalen orientieren können, um zu Analogtexten zu gelangen. Insofern sind diese letzten Seiten gleichsam dialektisch angelegt, denn sie bewegen sich zwischen Kreativität und Spontaneität einerseits und Regeln und Mustern andererseits.

Bereits im zweiten und dritten Schuljahr haben die Kinder viele Gelegenheiten gehabt, Erfahrungen mit der Struktur und dem Klang von Gedichten zu machen. Dabei haben sie auch bereits erfahren, dass es Gedichtformen gibt, die ohne Reim auskommen, z. B. Akrostichon, Elfchen, Haiku. Die beiden letztgenannten und ihre formalen Merkmale sind auch Thema in der 4. Klasse, darüber hinaus lernen die Kinder jedoch auch das „Schneeballgedicht" und das „Rondell" als Gedichtformen kennen und sie schreiben entsprechende Gedichte.

Beim sogenannten „Schneeballgedicht" handelt es sich ursprünglich mehr um ein Schreibspiel. Die Idee stammt aus dem Jahr 1960 und wurde von der Künstlergruppe „Oulipo" entwickelt, die noch heute besteht. Die Gruppe hatte es sich zum Ziel gesetzt, literarische Regeln nach mathematischen Grundsätzen zu entwickeln und dadurch Texte mit einer neuen Qualität zu gewinnen. Dem einzelnen Wort bzw. sogar dem einzelnen Buchstaben kommt dabei ein besonders hoher Stellenwert zu.

Das Rondell, das die Kinder auf der Themenheftseite 38 kennen lernen, ist ebenfalls ein reimloses Gedicht. Wie das Rondo in der Musik erzielt es durch Wiederholungen eine besondere Wirkung: Die Zeilen 4 und 7 sind Wiederholungen der ersten Zeile.

Besprechungspunkte und Aktivitäten für das Plenum

* LKV 25/2 einsetzen und verschiedenen Gedichtformen die passenden formalen Merkmale zuordnen
* LKV 26/1 einsetzen und verwürfelte Zeilen eines Rondells reorganisieren
* kreatives Schreiben mit jahreszeitlichem Bezug: kleine Gedichte wie Elfchen, Rondell, Schneeballgedicht etc. für einen Adventskalender, als Ostergeschenk oder als Muttertagsgedicht verfassen und gestalten
* im Sitzkreis gemeinsam ein „Zehn-Wörter-Gedicht" verfassen; dazu einen Eimer (s. Themenheftseite 37) auf einen großen Bogen Tonpapier malen und die Kinder Reimwortpaare sammeln lassen. Auf einem weiteren Bogen Tonkarton tragen die Kinder nach und nach schriftlich sich reimende Gedichtzeilen zusammen.
* eine „Wandzeitung" mit verschiedenen Gedichten erstellen

▸ Bausteine für Lernstandstests: Gedichte schreiben, S. 104

Ideen zur Differenzierung / Hausaufgaben

▸ Arbeitsheft S. 61
* Abzählverse auf einem Schmuckblatt gestalten bzw. selbst Abzählverse erfinden
* die „Umkehrung" eines Schneeballgedichtes schreiben: Man beginnt dabei mit mehreren Wörtern und von Zeile zu Zeile werden es immer weniger Buchstaben – der Schneeball schmilzt sozusagen.
* ein „Diabolo-Gedicht" schreiben; Es handelt sich hierbei um ein reimloses Gedicht, bei dem sich die Anzahl der Wörter pro Zeile erst verringert und dann wieder aufbaut. Wenn es sich abbaut, wird es immer ein Wort weniger, wenn es sich aufbaut, wird es immer ein Wort mehr. Anzahl der Wörter pro Zeile: 5, 4, 3, 2, 1, 2, 3, 4, 5.
* ein Rondell zu einem Urlaubsfoto, Ansichtskarten oder zu Bildern aus einem Urlaubsprospekt schreiben
* Prosatext (z. B. die Einleitung zu einem erzählenden Text) durch Zeilenumbrüche in eine Gedichtform verwandeln und über die Wirkung ins Gespräch kommen
* ein Schneeballgedicht am Computer typografisch gestalten, dabei Varianten erproben

3.4 Themenheft 4: Lesen

3.4.1 Lernportion 1: Genau lesen (Themenheftseiten 5–10)

Inhaltliche Ziele
* *buchstabenweise Wörter mit verwürfelten Buchstaben lesen*
* *zusammengesetzte Nomen, die aus 3–6 Silben bestehen, lesen*
* *Sätze unter Betonung bestimmter Wörter lesen*
* *Texte lesen, deren Zeilen vertauscht sind*
* *Texten bzw. Textabschnitten passende Bilder zuordnen*
* *einem Leserätsel Informationen entnehmen und diese zeichnerisch umsetzen (Differenzierungsseite)*

Zur Lesekompetenz gehört die Lesetechnik unabdingbar dazu. Im Konzept „Einsterns Schwester" spielen die verschiedensten Übungen zur Weiterentwicklung der Lesetechnik bis zum Ende des vierten Schuljahres eine wichtige Rolle, zumal im weiteren Verlauf der Schullaufbahn hinsichtlich der Lesekompetenz an die Kinder und Jugendlichen immer größere Anforderungen gestellt werden. Neben dem Training der Lesetechnik wird in der Lernportion 1, „Genau lesen", auch das Erkennen inhaltlicher Textzusammenhänge geübt. Die Schülerinnen und Schüler sollen dazu angeregt werden, beim Lesen mitzudenken, sich möglichst viel zu merken, Zusammenhänge herzustellen und durch genaues Lesen folgerichtig Entscheidungen zu treffen. Viele der Übungen bieten sich auch als Partnerübungen an. Ein Lesetrainer bzw. eine Lesetrainerin kann beim Lesen auf Lesefehler und die richtige Betonung achten.

Auf der Themenheftseite 6 wird der „Flüstersitz" eingeführt. Die Methode eignet sich hervorragend, um innerhalb des Klassenverbandes alle Kinder zur gleichen Zeit lesen zu lassen und dabei den Lärmpegel in einem vernünftigen Rahmen zu halten. Es ist notwendig, diese Methode vorab im Unterricht zu erklären. Ein Probedurchgang mit einem beliebigen Text verschafft Sicherheit und die Lehrkraft kann überprüfen, ob die Methode „funktioniert". Nicht nur im Deutsch-Bereich, sondern auch in Mathematik (z. B. zum Abfragen des Einmaleins) oder im Sachunterricht (Frage-Antwort-Übungen) kann der Flüstersitz genutzt werden. In Phasen individueller Arbeit lesen die Kinder sehr gern mit dieser Methode. Sie sitzen nebeneinander, können sich gegenseitig ab-

fragen und so das Lesen üben oder auch zusammen lesen, ohne andere zu stören. Auch Gedichte können auf diese Weise auswendig gelernt werden. Wenn immer möglich, sollten sich die Lesepartner eigenständig finden. Gerade leseschwache Kinder fühlen sich mit einem Wunschpartner wesentlich wohler als mit einem „zugeteilten Kind". Mit einem entsprechenden Symbol kann die Lesezeit im Flüstersitz immer wieder in den Unterricht eingebaut werden und ist somit in jedem Fach fester, wiederkehrender Bestandteil für die Partnerarbeit.

Stets ist es aber auch wichtig, dem Leser und der Leserin Zeit zur Vorbereitung zu geben. Dies nimmt die Angst, gibt Sicherheit und fördert so insgesamt eine positive Grundhaltung zum Lesen.

Besprechungspunkte und Aktivitäten für das Plenum
* LKV 26/2 (Abbildung „Flüstersitz") hochkopieren, als Symboltafel für das Klassenzimmer folieren bzw. auf Fotokarton kleben, als stummes Signal/Hinweis für die Kinder, wie die Lernphase ablaufen soll
* LKV 27/1 einsetzen und einen Text mit vertauschten Zeilen ordnen
* LKV 27/2 nutzen und Begriffskarten für die Tafel hochkopieren; Das Gespräch mit der Klasse über den Text auf der Themenheftseite 8 kann so gesteuert und strukturiert werden (gemeinsame Zuordnung der Textstellen zu den Begriffskarten).

▶ Bausteine für Lernstandstests: Genau lesen, S. 105

Ideen zur Differenzierung / Hausaufgaben
▶ Arbeitsheft S. 10 und 11
* „Purzelwörter" (s. Themenheftseite 5, Aufgabe 1) auf Kärtchen erstellen lassen: zu einem Thema (einer Wortfamilie) Wörter suchen lassen und dann wie in Aufgabe 1 die Buchstaben verwürfeln, Buchstaben und Linien wie im Themenheft in zwei Farben schreiben lassen
* selbst kleine Sachtexte am Computer verfassen oder aus einem Kinderlexikon abschreiben, in einzelne Zeilen gliedern und Zeilen vertauschen, ein Partnerkind liest den Text bzw. reorganisiert die Zeilen durch Nummerieren oder durch Auseinanderschneiden und Ordnen
* mit einem Lesepartner Textstellen aus mitgebrachten Kinderbüchern abwechselnd im Flüstersitz vorlesen

3.4.2 Lernportion 2: Verschiedene Quellen nutzen
(Themenheftseiten 11–17)

Inhaltliche Ziele
- *unbekannte Begriffe in einem Lexikon nachschlagen*
- *die Internetadressen verschiedener Suchmaschinen für Kinder kennen*
- *den Aufbau der Homepage einer Suchmaschine für Kinder kennen (z. B. „Blinde Kuh")*
- *Kindersuchmaschinen nutzen, um im Internet Informationen zu recherchieren*
- *verschiedenen Quellen (Internet, Lexikon, Zeitungsartikel) Informationen für einen Vortrag entnehmen und diese stichwortartig notieren*
- *„Lupenwörter" zum Verständnis eines Zeitungsartikels nutzen*
- *Informationsplakate nach inhaltlichen und optischen Erfordernissen gestalten (Differenzierungsseite)*

Um eine umfassende Lesekompetenz zu erlangen, müssen die Schülerinnen und Schüler den Umgang mit verschiedenen Informationsquellen üben und diesbezüglich erforderliche Lesetechniken auch automatisieren. Dies ist in vielen inner- und außerschulischen Bereichen von großer Bedeutung und wird in weiterführenden Schulen oft in weiten Teilen vorausgesetzt. Der Umgang mit Lexika, das Surfen im Internet und damit verbunden das Lesen und Selektieren der Internet-Inhalte sowie ein kompetenter Umgang mit Artikeln aus Zeitungen und Zeitschriften gehören zum Grundrepertoire der Medienkompetenz.

In diesem Kapitel soll zunächst das Bewusstsein für die unterschiedlichen Informationstexte geschärft werden. Ein Schwerpunkt liegt dabei auf der Nutzung des Internets. Fachbegriffe wie *Suchmaschine*, *Homepage* und *Link* werden dabei an einem exemplarischen Beispiel erklärt.

Es ist denkbar, eine Internetrecherche zu unterschiedlichen Themen vornehmen zu lassen und die Kinder dabei für ihre Altersgruppe geeignete Seiten suchen zu lassen. Dabei wird der Blick insbesondere auf die Altersangaben und die Schwierigkeit der Texte gelenkt, denn oft kommt es vor, dass ohne Nachzudenken wahllos Texte aus dem Netz ausgedruckt werden, die die Kinder dann letztendlich nicht verstehen und somit auch nicht weiter nutzen können.

Besprechungspunkte und Aktivitäten für das Plenum
- LKV 28/1 einsetzen und die vier Überschriften und die Fragen gemeinsam zuordnen
- LKV 28/2 einsetzen und Stichworte zuordnen, wie ein Informationsplakat gestaltet werden sollte
- beliebige interessante Seiten aus einem Kinderlexikon auswählen, einige Begriffe wählen, die den Kindern bekannt sind, Seiten auf Folie kopieren, Begriffe schwärzen und raten lassen
- analog zum Handlungsbild der Themenheftseite 11 mit der ganzen Klasse „Lexikonspiele" spielen, z. B. mit Hilfe eines Lexikons kleine Rätsel formulieren (und ggf. aufschreiben)
- am Computer oder auch gemeinsam im Computerraum mit Hilfe des Internets Aufträge ausführen (z. B. eine Bastelanleitung finden und ausdrucken, eine Geschichte über Pferde finden, einen Filmtipp für den nächsten Tag suchen, ein Lied über Ritter finden etc.; Auch „Detektivaufgaben" bieten sich an, z. B. kann der kleinste Knochen des menschlichen Körpers herausgefunden werden.)
- Karteikartenmethode als „Spickzettel" bei Vorträgen besprechen (eine Unterüberschrift mit Stichworten pro Karte), ein dreiminütiges „Mini-Referat" zu einem Lieblingstier oder zu einem Thema aus dem Bereich Sport halten, zwanzig Minuten Vorbereitungszeit sind ausreichend und haben sich bewährt, um Stichworte „aus dem Kopf" zusammenzutragen
- sich gegenseitig Fragen zu informierenden Texten bzw. Zeitungsartikeln stellen
- verschiedene (auch alte, antiquarische) Lexika für eine Buchausstellung zusammentragen, Gemeinsamkeiten und Unterschiede mündlich zusammentragen

▶ Bausteine für Lernstandstests: Verschiedene Quellen nutzen, S. 106

Ideen zur Differenzierung/Hausaufgaben
▶ Arbeitsheft S. 17 und 18
- Begriffe mit zwei falschen und einer richtigen Erklärung aufschreiben, die richtige Erklärung muss von einem Partnerkind herausgefunden werden, wobei auch ein Lexikon genutzt werden darf.
- Fragen zu informierenden Texten bzw. Zeitungsartikeln formulieren, Fragen mit einem Partner austauschen und beantworten

3.4.3 Lernportion 3: Textinhalte verstehen (Themenheftseiten 18–25)

Inhaltliche Ziele
- *einem Text relevante Zahlen entnehmen und diese im Kontext verstehen*
- *einem diskontinuierlichen Text Informationen entnehmen (Balkendiagramm)*
- *Überschriften und Bilder als Hilfen für das Textverständnis nutzen*
- *Zwischenüberschriften für Absätze finden*
- *das überfliegende Lesen zur ersten Information über Textinhalte nutzen*
- *das überfliegende Lesen nutzen, um einzelne Aussagen zu Texten zu überprüfen*
- *wichtige Wörter in einem Text finden und markieren*
- *Fremdwörter aus dem Kontext heraus verstehen, unbekannte Fremdwörter in Lexika nachschlagen (Differenzierungsseite)*

Dem Lesen zu Informationszwecken kommt eine sehr wichtige Bedeutung zu – täglich und in jedem Alter lesen wir die verschiedensten Texte, um uns zu informieren. Die Kinder müssen daher befähigt werden, unterschiedliche kontinuierliche und diskontinuierliche Texte mit verschiedenen Lesetechniken auf ihren Informationsgehalt hin zu untersuchen und für sich nutzbar zu machen. Dabei ist auch die Effizienz des Lesens und Verstehens von Inhalten von großer Bedeutung. In diesem Zusammenhang ist es daher auch wichtig, die Kinder auf die Funktion von Bildern und Überschriften in Texten aufmerksam zu machen. Immer wieder muss folgendes Vorgehen trainiert werden: erst die Bilder betrachten, dann die Überschriften lesen, kurz eigene Gedanken zum möglichen Inhalt machen, dann ausführlich lesen und ggf. Stichworte markieren. In dieser Lernportion kann diese Art des Textumgangs nur exemplarisch aufgezeigt werden. Um sie zu verinnerlichen, bedarf es häufiger Übung. Sachtexte aller Art, besonders auch aus dem Sachunterricht, bieten sich hierzu an.

Texte zu überfliegen ist in der heutigen Zeit eine grundlegende Lesetechnik, die es ermöglicht, rasch die wesentlichen Inhalte eines Textes zu erfassen. Auch hier gilt: Immer wieder muss das überfliegende Lesen an geeignetem Textmaterial geübt werden. Wenn ein Zeilenzähler vorhanden ist, können die Kinder in kleinen Wettspielen auch Textstellen in längeren Texten auffinden und benennen. Wer Stichworte im Themenheft markieren lassen möchte, kann auf eine sogenannte „Überhangfolie"

(Übungsschreibfolie) zurückgreifen. Diese gibt es zu kaufen. Eine günstige Alternative ist eine Klarsichtfolie, die auf zwei Seiten (längs und quer) geöffnet ist. Diese wird dann von der oberen Ecke über die Seite gezogen. Mit einem wasserlöslichen Folienstift lassen sich nun Stichworte markieren. Einmal angeschafft, kann diese Folie nach der Reinigung mit einem feuchten Lappen immer wieder zum Einsatz kommen.

Sinnvoll ist es auch, die Kinder in einem kurzen Text selbst die wesentlichen Stichworte markieren zu lassen. Anfangs kann die genaue Anzahl vorgegeben werden. Im Klassenverband kann dann (z. B. am OHP) besprochen werden, welche Wörter unbedingt markiert werden sollten und welche nicht so wichtig sind. Erfahrungsgemäß markieren die Kinder eher zu viel als zu wenig und müssen auf das Wesentliche fokussiert werden.
Die Lupen (s. Themenheftseite 24/25) sind den Kindern bereits aus dem dritten Schuljahr bekannt und werden hier nochmals aufgegriffen.

Besprechungspunkte und Aktivitäten für das Plenum
- LKV 29/1 einsetzen und Aussagen zu einem Zeitungsartikel als richtig oder falsch bewerten, dabei auch die Informationen eines Balkendiagramms nutzen
- LKV 292 einsetzen und anhand der Textteile reflektieren, wie man einen Überblick über unbekannte Texte gewinnen kann
- wichtige Wörter in Sachtexten gemeinsam auffinden und markieren

▶ Bausteine für Lernstandstests: Textinhalte verstehen, S. 107

Ideen zur Differenzierung / Hausaufgaben
▶ Arbeitsheft S. 24 und 25
- ein „Hosentaschenlexikon" basteln und Fremdwörter mit ihren Erklärungen dort sammeln; Im Flüstersitz können sich die Kinder zu den Wörtern gegenseitig befragen.
- Sätze bilden, in denen möglichst jeweils ein Fremdwort vorkommt
- Texte mit Zahlen/Diagrammen in Zeitungen suchen, ausscheiden, in den Unterricht mitbringen und überprüfen, ob alles verständlich ist
- Zwischenüberschriften für Sachtexte finden
- im Flüstersitz Fragen zu Texten stellen und beantworten

3.4.4 Lernportion 4: Sagen und Fabeln (Themenheftseiten 26–31)

Inhaltliche Ziele
- *Merkmale der Textsorte „Sage" kennen*
- *Bilder zu einer Sage dem Text entsprechend ordnen*
- *zu Aussagen passende Textstellen finden*
- *Merkmale der Textsorte „Fabel" kennen*
- *Fabeltieren passende Eigenschaften zuordnen*
- *erfahren, was die „Lehre" einer Fabel ist, und selbst Lehren zu Fabeln formulieren*
- *eine Fabel zusammen mit Partnerkindern szenisch umsetzen (Differenzierungsseite)*

Zur Vermittlung von umfassender Lesekompetenz gehört es, die Kinder mit vielen verschiedenen Textsorten in Berührung zu bringen und sie damit Erfahrungen machen zu lassen. In den vergangenen Schuljahren haben die Kinder mit „Einsterns Schwester" ein Bewusstsein dafür entwickeln können, wie vielfältig der Begriff „Text" ausgelegt werden kann und welche Fülle verschiedenster Texte uns im Alltag umgibt. Sie haben die Merkmale spezieller Textsorten (Interview, Märchen etc.) untersucht und sie z.T. für eigene Textproduktionen genutzt. Daran kann nun mit der Lernportion „Sagen und Fabeln" im vierten Schuljahr angeknüpft werden.

Ursprünglich ist die Sage (althochdeutsch *saga* = Gesagtes, Gesprochenes) eine kurze Rede, ein Gerücht oder auch ein Bericht, der über Jahrhunderte im Volk mündlich weitergegeben wurde. Durch rätselhafte und magische Elemente faszinieren Sagen Kinder und Erwachsene gleichermaßen und gehören daher zu den Textsorten, zu denen Kinder erfahrungsgemäß gut einen Zugang finden. Obwohl die Europa-Sage, die auf den Themenheftseiten 26 und 27 abgedruckt wurde, für Kinder angepasst wurde, sind Begriffe und Redewendungen enthalten, die den Kindern so nicht geläufig sein werden. Sie werden im Anschuss an die Lektüre daher u. a. dazu angeregt, die fremden Begriffe „unter die Lupe zu nehmen" und können somit neue Spracherfahrungen machen. Darüber hinaus finden sich zu dieser Sage zahlreiche Aufgaben, bei denen intensiv an ausgesuchten Textstellen gearbeitet werden kann.

Auch Fabeln sind von der Textmenge her überschaubar und durch lange Überlieferung geprägt. Den Kindern gefällt meist, dass Tiere die Akteure sind, und sie können sehr gut verstehen, dass Tiere hier stellvertretend für Menschen und ihre Eigenschaften

gesetzt sind. Die Beschäftigung mit ausgewählten Fabeln kann in ein szenisches Spiel münden, bei dem eine Fabel z.B. mit Stabpuppen umgesetzt wird.

Besprechungspunkte und Aktivitäten für das Plenum

- LKV 30/1 einsetzen und eine Zusammenfassung der Europa-Sage mit Bildern und Sätzen legen
- LKV 30/2 einsetzen und den Fabeltieren Löwe, Fuchs, Rabe und Hase passende Eigenschaften zuordnen
- weitere Fabeln gemeinsam lesen und untersuchen, wie die Tiere dargestellt sind bzw. welche Eigenschaften ihnen zugeordnet werden können
- Wortgruppen in der Europa-Sage oder in anderen Sagen finden und mit entsprechenden Zeilenangaben belegen; Dies ist eine wirksame Methode, um genau in die Texte zu schauen. Derartige Übungen können von der Lehrkraft leicht erstellt werden – oder die Kinder können selbst Text heraussuchen, mit Zeilenangaben versehen und Textstellen herausschreiben, die gefunden werden sollen.
- gemeinsam in eine Bibliothek gehen und herausfinden, welche verschiedenen Buchausgaben mit Sagen und Märchen es dort gibt; einige geeignete Titel ausleihen und weitere Sagen lesen und ggf. auch über die Illustrationen sprechen

▶ Bausteine für Lernstandstests: Sagen und Fabeln, S. 108

Ideen zur Differenzierung / Hausaufgaben
▶ Arbeitsheft S. 31–33
- im Flüstersitz Sagen und Fabeln vorlesen
- Fabeln für ein szenisches Spiel „umschreiben", dazu Dialoge mit „Regieanweisungen" verfassen
- Sagen und Fabeln als Bildergeschichten bzw. als Comic „umschreiben"
- die sechs Bilder der Kopiervorlage 123 (des gesonderten Kopiervorlagenbandes) verwenden, um einen Comic zur Pandora-Sage zu entwickeln; alternativ die Bilder der LKV 30/1 zur Entwicklung eines Comics nutzen, ggf. weitere Bilder mit Sprechblasen einfügen
- herausfinden, welche wichtigen griechischen Götter es gab, und stichwortartig ihre Bedeutung notieren; ggf. dazu im Internet recherchieren und passende Abbildungen ausdrucken

3.4.5 Lernportion 5: Bücher und Autoren kennen lernen (Themenheftseiten 32–38)

Inhaltliche Ziele
- *Texten Informationen über Kinder- und Jugendbuchautoren entnehmen*
- *Gelesenes mit eigenen Worten wiedergeben*
- *anderen Kindern einen Autor/eine Autorin vorstellen*
- *Klappentexte lesen und Buchcoverabbildungen zuordnen*
- *Vermutungen dazu anstellen, zu welchem Buch ein Textausschnitt gehört*
- *ein Buch auswählen und die Auswahl begründen*
- *verschiedene Möglichkeiten nutzen, sich vor der Lektüre über ein Buch zu informieren (Cover, Klappentext, Internet)*
- *den Begriff „Pressestimme" bzw. „Leserstimme" kennen lernen*
- *eine Leserstimme zu einem Lieblingsbuch verfassen*
- *Unterschiede von Film und Buch benennen können, nicht mehr zeitgemäße Ausdrücke aus einem älteren Kinderbuch in heutige Sprache überführen (Differenzierungsseiten)*

Die Lernportion 5, „Bücher und Autoren kennen lernen", knüpft an die gleichnamigen Lernportionen aus dem 2. und 3. Schuljahr an.

Der Umgang mit unterschiedlichen Büchern ist elementar wichtig für Schülerinnen und Schüler, um sie zum Lesen zu motivieren. Gerade im vierten Schuljahr ist die Schere zwischen hervorragenden Lesern, die dicke Romane schmökern, und Kindern, die nur dünne Hefte oder gar nur Comics konsumieren, enorm groß. Elektronische Medien versprechen Kindern scheinbar einen höheren Unterhaltungswert und sie klammern natürlich den Aspekt aus, dass Lesen manchmal durchaus etwas „Anstrengendes" sein kann.

Die Vorstellung von Cornelia Funke im Themenheft, die eine bekannte und überaus erfolgreiche deutsche Autorin ist, soll den Anstoß geben, in Gruppenarbeit als kleines Projekt bekannte Autoren mittels eines Steckbriefes vorzustellen. Hierzu kann das Autorenlexikon im Anhang des Themenheftes als Grundlage verwendet werden. Mehr Informationen sind im Internet zu finden, z.B. bei den verschiedenen Verlagen. Zur Visualisierung wichtiger Punkte, die bei der Vorstellung eines Autors zum Tragen kommen, können auch die Stichworte der Lehrerkopiervorlage 31/2 verwendet werden.

Da Cornelia Funke sowohl „einfachere" Bücher als auch umfangreichere Werke geschrieben hat, ist es auch denkbar, ausschließlich Werke von ihr vorstellen und dabei Textausschnitte vorlesen zu lassen. Sinnvoll ist es, ein Plakat zum jeweiligen Autor nach den Kriterien der Themenheftseite 16 herzustellen. Abgerundet werden kann das kleine Autorenprojekt mit einer Vorstellung von einem oder mehreren Büchern des Autors. Zur Durchführung des Projektes bieten sich Gruppen von höchstens vier Kindern an.

Besprechungspunkte und Aktivitäten für das Plenum
- LKV 31/1 einsetzen und Aussagen zum Buch bzw. Film zuordnen
- LKV 31/2 einsetzen und mit Hilfe der Stichworte Informationen zu verschiedenen Kinder- und Jugendbuchautoren zusammentragen bzw. strukturieren
- LKV 32/1 einsetzen und das Thema „Buchvorstellung" wiederholen (analog Klasse 3), Sätze der LKV müssen in die richtige Reihenfolge gebracht werden
- Filmausschnitte aus „Emil und die Detektive" zeigen und entsprechende Szenen aus dem Buch lesen, um Unterschiede herauszuarbeiten, ähnlich kann mit Astrid-Lindgren-Klassikern verfahren werden (Pippi Langstrumpf, Die Kinder aus Bullerbü, Ferien auf Saltkrokan, Michel aus Lönneberga, Karlsson vom Dach)
- Tipps für gutes Vorlesen/Vortragen gemeinsam zusammenstellen und als Plakat für den Klassenaushang gestalten

▶ Bausteine für Lernstandstests: Bücher und Autoren kennen lernen, S. 109

Ideen zur Differenzierung/Hausaufgaben
▶ Arbeitsheft S. 40–42
- eine Buchvorstellung durchführen, dazu Infokarten mit Stichworten anlegen (alternativ: ein „Klappbuch" oder „Hosentaschenbuch" als „Spickzettel")
- ein Lesetagebuch führen (Der Vorteil eines solchen Tagebuchs liegt zum einen in der Reflexion des Gelesenen, zum anderen in der Verknüpfung der Bereiche Lesen und Schreiben. Das Kind entscheidet selbst, ob es das Lesetagebuch jemandem zeigen möchte oder nicht.)

3.4.6 Lernportion 6: Texte gestalten und präsentieren (Themenheftseiten 39–43)

> **Inhaltliche Ziele**
> - *ein Gedicht rhythmisch vortragen*
> - *Besonderheiten eines Hörspiels benennen*
> - *passende Geräusche zur Untermalung von Hörspielszenen finden*
> - *den Begriff „Ballade" kennen*
> - *zu einzelnen Strophen einer Ballade passende Bilder zeichnen*
> - *eine Ballade mit Hilfe gezeichneter Bilder vortragen*
> - *den Begriff „Fotostory" und Merkmale dieser Textsorte kennen, Textaussagen den Bildern einer Fotostory zuordnen, sich in Figuren hineinversetzen und aus ihrer Sicht Sprechblasentexte verfassen (Differenzierungsseite)*

Geschichten, ganze Bücher oder Gedichte „handlungs- und produktionsorientiert" zu erschließen, bedeutet, diese Texte nicht nur zu lesen und zu interpretieren, sondern mit ihnen kreativ zu arbeiten und sie dadurch in ihrer Vielschichtigkeit noch intensiver wahrzunehmen. Ausgehend von einem Text soll zudem etwas Eigenes geschaffen werden, was dem Leser ganz persönlich entspricht. In diesem Sinne fördern die vielfältigen Aufgabenstellungen, die als „handlungs- und produktionsorientiert" bezeichnet werden, einen abwechslungsreichen und motivierenden Deutschunterricht, der es den Kindern erlaubt, ihren Stärken gemäß zu arbeiten.

Die Lernportion „Texte gestalten und präsentieren" fokussiert u. a. Klanggestaltungen vom Gedichtvortrag bis zum Hörspiel. Falls die Kinder motiviert sind, einige Hörspielszenen oder sogar ein kleines Hörspiel zu produzieren, kann das Thema projektartig ausgeweitet werden.

Für ein gelungenes Hörspiel ist neben der Technik die Auswahl geeigneten Textmaterials von großer Bedeutung. Eigentlich sollte ein Hörspiel ohne Erzähler auskommen und allein durch die Dialoge und die Hintergrundgeräusche verständlich sein. Um dies zu erreichen, muss der gesamte Text in die wörtliche Rede gesetzt werden und – wenn nötig – um zusätzliche Informationen, die die Personen dann sagen, ergänzt werden. Insgesamt ist es natürlich einfacher, von einem vorhandenen Text auszugehen. Dieser sollte eine spannende Handlung haben, überschaubar und nicht allzu lang sein. Außerdem sollte er bereits möglichst viel wörtliche Rede enthalten. Eventuell muss ein Erzähler ergänzt werden. Um alles übersichtlich zu notieren und um einen möglichst reibungslosen Ablauf zu erreichen, eignet sich ein Drehbuch in Tabellenform besonders, da hier die Gleichzeitigkeit der verschiedenen Ebenen (Erzähler, Protagonisten, Geräusche, Musik) deutlich wird und übersichtlich bleibt.

Notwendige Schritte zur Vorbereitung eines Hörspiels: Text auswählen, Möglichkeiten diskutieren, Drehbuch schreiben, Rollen verteilen, passende Geräusche machen (ausprobieren, wie!), Hintergrundmusik auswählen, technische Möglichkeiten kennen und bedienen lernen, Aufnahme organisieren. Eltern sind möglicherweise gern behilflich.

Geeignete Texte: Fabeln, Märchen, die bereits viel wörtliche Rede enthalten (z. B. „Hans im Glück" von den Brüdern Grimm oder „Der Tölpel-Hans" von Hans Christian Andersen).

Besprechungspunkte und Aktivitäten für das Plenum
- LKV 32/2 einsetzen und Geräusche für ein Hörspiel zusammenstellen; Die Herstellung dieser Geräusche sollte auch gemeinsam erprobt werden können, was am besten in der Turnhalle möglich sein dürfte, um andere Klassen nicht zu stören.
- LKV 33/1 einsetzen und Sätze einer Fotostory zuordnen
- Fotostory der Themenheftseite 42 nachspielen
- das Gedicht von Erwin Grosche (Themenheftseite 39) mit Hilfe eines Besteckkastens und entsprechender Besteckteile rhythmisch vortragen (alternativ: statt des Bestecks Stifte verwenden)
- ein Hörspiel entwickeln und aufnehmen;
  Tipps zur Produktion eines Hörspiels auch unter www.audiyou.de
- verschiedene Balladen kennen lernen (Einzelne Kinder haben vielleicht Interesse, den Vortrag einer Ballade zu üben und den Text den anderen – auch mit Hilfe gemalter Bilder – vorzustellen.)

▶ Bausteine für Lernstandstests: Texte gestalten und präsentieren, S. 110

Ideen zur Differenzierung / Hausaufgaben
▶ Arbeitsheft S. 50 und 51
- aus Zeitschriften Fotostories suchen lassen, Stories zerschneiden und von anderen in eine richtige Reihenfolge bringen lassen,
- Gedichtvorträge üben (Balladen)

3.4.7 Lernportion 7: Verschiedene Gedichte untersuchen (Themenheftseiten 44–47)

Inhaltliche Ziele
- *die Begriffe „Gedicht", „Strophe", „Vers" und „Reim" kennen*
- *reimlose Gedichte lesen und Vorlieben begründen*
- *Gedichte unter den Aspekten Überschrift, Autor, Anzahl der Strophen und Verse sowie Thema des Gedichts untersuchen*
- *Gedichte hinsichtlich des Reimmusters überprüfen und die verwendeten Reimwörter sowie die Art der Reime benennen*
- *Strophen eines Gedichtes reorganisieren*
- *sprachliche Besonderheiten eines Gedichtes erkennen und benennen*
- *Gedichte ausdrucksvoll vorlesen*
- *aus einem Satz durch Untereinanderschreiben der Wörter eine Gedichtstruktur erzeugen (Differenzierungsseite)*

In den vergangenen Jahren haben die Kinder bereits an vielen Beispielen erfahren, dass Gedichte ganz besondere Sprachkompositionen sind. Sie haben gelernt, dass Gedichte sich durch Klang, Rhythmus, Wortwahl und oft auch durch Reime auszeichnen. Daneben ist ihnen jedoch auch bewusst geworden, dass es viele Gedichte gibt, die ohne Reim auskommen. Daran anknüpfend untersuchen die Kinder auf der ersten Seite der Lernportion 7 reimlose Gedichte und können auf der folgenden Differenzierungsseite erleben, wie aus einem einfachen Satz durch das Schreiben der entsprechenden Wörter untereinander eine Gedichtform werden kann.

Stets geht es im Konzept von „Einsterns Schwester" beim Thema „Gedichte" auch darum, dass die Kinder dazu angeregt werden, selbst kleine Gedichte (in Form von Analogtexten oder frei nach eigenen Vorstellungen) zu verfassen. Diese können und sollen auch auf Schmuckblättern gestaltet und/oder am Computer geschrieben und beispielsweise in einem Reader veröffentlicht werden. Erfahrungsgemäß sind Kinder besonders stolz, wenn es ihnen gelingt, Gedichte zu schreiben. Sie spüren, dass es sich hierbei um ganz besondere Texte handelt, in denen Aussagen „verdichtet" werden können. Eigene Gedichtproduktionen können jedoch nur dann angeregt werden, wenn die Kinder als Leserinnen und Leser zahlreiche Erfahrungen mit unterschiedlichen Gedichtformen machen konnten. Dazu soll diese Lernportion im Themenheft 4 beitragen. Spezielle Gedichtsammlungen für Kinder können bei Bedarf weitere Anregungen geben.

Besprechungspunkte und Aktivitäten für das Plenum
- LKV 33/2 einsetzen und Form und Aussage des Gedichtes von Wenzel Wolff mit allen Kindern gemeinsam besprechen
- LKV 34/1 einsetzen und den in einzelne Wortkärtchen zergliederten Satz durch Untereinanderlegen in eine Gedichtstruktur bringen; verschiedene Alternativen erproben und gemeinsam besprechen
- „Gedichtedetektiv": Kinder selbst aus Büchern Gedichte zu bestimmten Reimmustern suchen und aufschreiben lassen, die Lehrkraft muss dann entsprechende Literatur mitbringen und im Klassenzimmer auslegen
- weitere Gedichte vorstellen (z. B. am OHP) und mit den Kindern im Hinblick auf Strophen, Verse, Reime bzw. Reimmuster etc. untersuchen; dabei auch besprechen, welche Formulierungen als besonders schön empfunden werden, entsprechende Stellen farbig kennzeichnen
- Verse bzw. Strophen von Gedichten verwürfelt vorgeben und von den Kindern reorganisieren lassen (s. auch Themenheftseite 47); Dabei ist es unerlässlich, sich mit den Aussagen der einzelnen Teile zu befassen und nicht etwa nur den Klang der Verse auf sich wirken zu lassen.
- Gedichte auswendig lernen und ausdrucksvoll vortragen; Die Kinder können ergänzend überlegen, welche Klänge und Geräusche zu einem Gedicht passen könnten. Dabei sollte auch darauf geachtet werden, dass die Klänge nur als Begleitung gedacht sind und nicht etwa im Vordergrund stehen dürfen. Auch Orff-Instrumente können gut eingesetzt werden.
- Gedichte am OHP lesen, bei denen die Reimwörter abgedeckt sind; gemeinsam die passenden Reimwörter finden (für schwächere Schülerinnen und Schüler geeignet)

▶ Bausteine für Lernstandstests: Verschiedene Gedichte untersuchen, S. 111

Ideen zur Differenzierung/Hausaufgaben
▶ Arbeitsheft S. 57 und 58
- eigene Gedichte mit entsprechenden Reimmustern verfassen, bei Bedarf ein Reimwörterbuch zur Verfügung stellen oder Reimwörter vorgeben

3.4.8 Lernportion 8: Gedanken zu Texten entwickeln
(Themenheftseiten 48–52)

Inhaltliche Ziele
- *altersgemäße erzählende Texte lesen und verstehen*
- *Emotionen, die sich in erzählenden Texten abzeichnen, nachvollziehen und in eigene Worte fassen*
- *Gelesenes zu eigenen Erlebnissen und Erfahrungen in Beziehung setzen*
- *sich in literarische Figuren hineinversetzen und deren Sicht übernehmen*
- *Schlussfolgerungen aus Texten ziehen*
- *Regeln kennen, die beim Diskutieren eines Themas zu beachten sind*
- *Gesprächsregeln beim Diskutieren beachten*
- *an Diskussionen teilnehmen*
- *weitergehende Vermutungen zu Texten anstellen (Differenzierungsseite)*

Gedanken zu Texten zu entwickeln und sich darüber auch mit anderen auszutauschen, ist das Thema der letzten Lernportion im Themenheft „Lesen". Dabei ist es wichtig, dass die Kinder sich in Figuren hineinversetzen, ihre Sicht übernehmen und aus ihrer Perspektive weiterdenken und argumentieren. In die Begegnung mit einem Text bringen Kinder aber stets ihre eigene Erfahrungswelt als Deutungsfolie ein. Ihrer Erfahrungswelt liegen Vorstellungen und familiär geprägte Wertehaltungen zugrunde, die dazu führen, dass Texte unterschiedlich aufgefasst werden können. Deshalb ist das ausführliche Gespräch über literarische Texte so wichtig: Es dient der Verständigung und dem Austausch, wobei jeder Leser und jede Leserin auch das Recht auf seine eigene Sichtweise auf den Text hat.

Die Auseinandersetzung mit Ausschnitten aus kinderliterarischen Texten, die in dieser Lernportion angestrebt wird, kann dazu anregen, sich auch mit dem ganzen Buch auseinanderzusetzen. Außerdem kann es sinnvoll sein, einzelne Abschnitte des Buches in Gruppen szenisch umzusetzen. Hier zeigt sich oftmals in besonderer Weise, ob den Kindern das Einfühlen in die literarischen Figuren gelungen ist.

Im Rahmen der Arbeit mit der Lernportion soll auch das Diskutieren (über Texte) geübt werden, wobei die Regeln hilfreich und notwendig sind.

Besprechungspunkte und Aktivitäten für das Plenum

- LKV 34/2 einsetzen und zuordnen, wie richtig diskutiert werden sollte (und wie nicht)
- Diskussionsspiel: Die Klasse wird in zwei Gruppen eingeteilt. Sie sitzen sich gegenüber. Eine Gruppe sammelt Pro-, die andere Contra-Argumente. Die Argumente der Gegenseite sollen immer wiederholt werden, wodurch das aktive Zuhören trainiert wird. Beispiel:
Pro 1: *Ich bin für eine Schuluniform, weil man daran erkennt, wer auf welche Schule geht.*
Contra 1: *Du bist für eine Schuluniform, weil man erkennt, wer auf welche Schule geht. Ich bin aber gegen eine Schuluniform, da ich nicht mehr selbst entscheiden kann, was ich trage.*
Pro 2: *Du bist gegen eine Schuluniform, weil du nicht mehr selbst entscheiden kannst, was du trägst. Ich bin aber für eine Schuluniform, weil …*
- „Diskussions-Bühne": Zwei bis vier Kinder sitzen sich mit ihren Stühlen gegenüber. Die übrigen Kinder sitzen in einem großen Kreis außen um die kleine Gruppe herum. Die Innengruppe erhält ein Diskussionsthema, die äußere Gruppe bekommt Beobachtungsaufträge:
  – Kommt jeder zu Wort?
  – Hören alle zu?
  – Schauen sich die Diskutierenden an?
  – Sprechen sie laut und deutlich?
  – Gehen sie auf die Beiträge der anderen ein?
  – Bleiben sie sachlich und ruhig?
Nach Beendigung der Diskussion haben die Mitglieder des Innenkreises die Möglichkeit zu einer kurzen Stellungnahme. Im Anschluss daran äußern sich die Zuschauer und berichten von ihren Beobachtungen. Am Ende können Verbesserungsvorschläge gemacht werden, die dann in der nächsten „Runde" gleich umgesetzt werden.

▶ Bausteine für Lernstandstests: Gedanken zu Texten entwickeln, S. 112

Ideen zur Differenzierung / Hausaufgaben
▶ Arbeitsheft S. 62 und 63
- Buchdialoge aufgreifen und selbst überlegen, wie es weitergehen könnte, Dialoge weiterschreiben
- aus der Sicht einer Figur Tagebucheinträge verfassen
- Argumente zu Diskussionsthemen sammeln (Hausaufgaben abschaffen? Wahlrecht für Kinder? Getrennte Schulen für Jungen und Mädchen?)

4 Das Projektheft Leonardo da Vinci

4.1 Zur Konzeption

Das Projektheft ist ein ergänzendes Material für den individualisierenden, offenen, kooperativen Unterricht. Es verknüpft Inhalte des Deutschunterrichts mit sachunterrichtlichen Themen und Fragestellungen. Die Kinder haben die Möglichkeit, selbstständig und mit eigenen Schwerpunktsetzungen an dem interessanten und vielfältigen Thema „Leonardo da Vinci" zu arbeiten, wobei Kompetenzen, die im Rahmen der Arbeit an den Themenheften erworben wurden, angewandt und vertieft werden können. Die Arbeit mit dem Projektheft soll nach Möglichkeit während des Deutsch- bzw. Sachunterrichts stattfinden, wobei es wichtig ist, für die Projektarbeit einige Wochen einzuplanen, damit die Kinder konsequent am Thema arbeiten und in Ruhe auch Erfahrungen mit verschiedenen Arbeits- und Sozialformen machen können. Auch eine entsprechende Dokumentation der Arbeitsergebnisse in Form von Plakaten, Wandzeitungen, selbst hergestellten Readern etc. braucht Zeit, da es hier auch um sorgfältige und adressatengerechte Gestaltungen geht.

Jede Doppelseite der insgesamt 40 Seiten präsentiert ein Teilthema. Da überwiegend von Partner- oder Gruppenarbeit ausgegangen wird, werden die Kinder in den Aufgabenstellungen in der Mehrzahl angesprochen („ihr"). Wie in den Themenheften gibt es auch im Projektheft Pflicht- und Wahlaufgaben. Letztere sind mit einem „blinkenden" Stern gekennzeichnet. Die Aufgaben haben eine starke Handlungsorientierung und fordern zum vielfältigen Tun auf. Die Kinder lesen Texte und entnehmen wichtige Informationen, sie sprechen mit anderen darüber, was sie gelesen haben, sie schreiben, malen, basteln und gestalten und nähern sich so auf unterschiedlichste Weise den verschiedenen Inhalten an. Generell soll es dabei jedem Kind möglich sein, auf seinem Niveau zu arbeiten und seinen Lernerfolg zu dokumentieren. Ein Glossar auf den Seiten 38/39 hilft den Kindern dabei, unbekannte Begriffe, die auf den entsprechenden Seiten markiert sind, selbstständig zu klären. Die individuelle Fortschreibung dieses Glossars wird angeregt und ist sehr wünschenswert. Wie auch in den Themenheften begleitet die Figur Lola die Kinder durch das Heft und gibt Tipps und Hinweise zu den Aufgaben und Inhalten. Insbesondere zum Einstieg auf der Seite 5 gibt Lola Tipps zum Vorgehen:

- im Inhaltsverzeichnis und auf den Seiten lesen,
- Themen zur Erarbeitung auswählen,
- Klassenbibliothek einrichten,
- in Sachbüchern und im Internet forschen.

Die Aufgaben jeder Doppelseite sind sozusagen „Leitaufgaben", die Impulse für die Arbeit setzen wollen. Darüber hinaus werden die Kinder jedoch ermuntert, zu jedem Doppelseitenthema auch eigene Ideen zu entwickeln. Aus diesem Grund werden die Kinder auf der Seite 5 aufgefordert, zu jeder Doppelseite ggf. auch

- einen Text zusammenzufassen oder abzuschreiben,
- Bilder zu malen und zu beschriften,
- eigene Geschichten zu erzählen oder zu schreiben,
- weiterzuforschen,
- kleine Vorträge vorzubereiten und zu halten,
- ein Plakat zu gestalten.

Neben den inhaltlichen Fragen ist es auch wichtig, dass die Kinder sich über organisatorische Fragen verständigen und sich dazu beraten, wie sie bei der Arbeit am besten vorgehen können. Dabei kann die Lehrkraft bei Bedarf als eine Art „Lerncoach" Hilfestellung leisten. Plenumsphasen oder Gespräche in Kleingruppen zur Reflexion des Voranschreitens sollten in jedem Fall eingeplant werden. Auch kann es sinnvoll sein, Zwischenstände der Arbeit zu dokumentieren bzw. den anderen Kindern vorzustellen, was dabei hilft, sich über den Lernfortschritt Klarheit zu verschaffen.

Das Projektheft bietet auch viele Anregungen zum interessengeleiteten Weiterforschen, z. B.:

- Sucht im Internet Bilder über die Toscana. Vergleicht sie mit Leonardos Zeichnung aus dem Jahr 1473. (S. 7; Verbindung zu Themenheft 4: Internetrecherche)
- Finde heraus, auf welcher Euro-Münze ein Teil einer Zeichnung von Leonardo zu sehen ist. Vielleicht kannst du eine solche Münze mitbringen. (S. 9)
- Versucht herauszufinden, wer den anderen Engel in diesem Bild gemalt hat. (S. 11)
- Die Blätter aus Leonardos Notizbüchern sind in großen Museen zu sehen. Findet heraus, in welchen Museen sie liegen. (S. 13)
- Informiert euch über moderne Fallschirme. Erstellt dazu mit Bildern und kleinen Texten eine Wandzeitung. (S. 17; Verbindung zu Themenheft 4: Ein Info-Plakat gestalten)
- Wenn ihr im Internet oder in verschiedenen Büchern lest, findet ihr noch weitere Porträts von Leonardo. (S. 25; Verbindung zu Themenheft 4: Verschiedene Quellen nutzen)
- Betrachtet eure Hände bei verschiedenen Bewegungen. Bewegt sie langsam und haltet eine Ansicht fest. Fotografiert sie oder zeichnet sie auf. Ihr könnt auch wie bei einem Schattenspiel eure Hand auf ein Papier projizieren und nachzeichnen.

- Wenn ihr im Internet oder in verschiedenen Büchern lest, findet ihr noch weitere Kunstwerke, die ihr auf der Landkarte ergänzen könnt. (S. 36; Verbindung zu Themenheft 4: Verschiedene Quellen nutzen)

4.2 Einstieg in die Arbeit mit dem Projektheft

Der Einstieg in die Projektarbeit sollte mit allen Kindern gemeinsam erfolgen. Eine gute Möglichkeit besteht darin, die Abbildungen auf der Seite 4 des Projektheftes ohne den Text zu zeigen (OHP oder Beamer) und die Kinder zu Vermutungen anzuregen. Wer ist dargestellt? Kommt ihnen etwas bekannt vor? (Möglicherweise ist die „Mona Lisa" einigen Kindern bekannt.) Aus welcher Zeit könnten die Bilder und Zeichnungen stammen? Im Anschluss an den Austausch von Vermutungen und Vorwissen kann der zugehörige Text gelesen werden, der den Kindern verdeutlicht, warum ein Projekt zu „Leonardo da Vinci" spannend und ergiebig ist. Das ungewöhnliche Inhaltsverzeichnis des Projektheftes auf den Seiten 2 und 3 in Form eines Clusters kann anschließend nochmals verdeutlichen, wie facettenreich das Thema ist bzw. welche Möglichkeiten es gibt, sich in den folgenden Wochen mit diesem Thema unter einzelnen Fragestellungen zu beschäftigen. Das Cluster macht auch deutlich, dass es keine festgelegte Reihenfolge gibt, nach der Themen zu bearbeiten sind. Die Kinder können nach Interesse im Heft stöbern und überlegen sich in Ruhe, mit welchen Seiten und Aspekten sie sich in der folgenden Zeit beschäftigen wollen. Dieses Cluster auf den Seiten 2 und 3 kann für ein Planungsgespräch hilfreich sein, in dem die Kinder festlegen, mit welchen Aspekten sie sich beschäftigen möchten. Doch nicht nur die Reihenfolge der Bearbeitung ist beliebig und sollte individuell gewählt werden. Auch der Umfang der Bearbeitung ist individuell und sollte dem Leistungsvermögen der Kinder entsprechen.

4.3 Die Aufgaben der Lehrkraft im Projektunterricht

Das Konzept einer starken Selbst- und Eigenverantwortung der Kinder bedeutet generell eine veränderte Rolle der Lehrkraft, wie u. a. bereits im Zusammenhang mit der Arbeit an den Themenheften in diesen Handreichungen dargelegt wurde Gerade jedoch im Projektunterricht ist die Lehrkraft als „Lernberater" gefordert, der die Kinder motiviert und sie dabei

stärkt, ihre Kompetenzen zu entfalten und zu erweitern.

Zunächst wird die Lehrkraft sicherlich gefordert sein, die Gruppenbildung zu ermöglichen, zu begleiten und zu unterstützen. Daneben muss die Lehrkraft ein Zeitfenster für die Projektarbeit zur Verfügung stellen, in dem ein ruhiges Arbeiten und Forschen der Kinder möglich ist. Gerade hinsichtlich der Zeiteinteilung zeigen sich bei den Kindern oft Unsicherheiten, sodass die Lehrkraft Hinweise und Hilfen geben sollte. Plenumsphasen oder Gespräche in Kleingruppen zur Reflexion des Voranschreitens sind einzuplanen bzw. zu gestalten, „Zwischenpräsentationen" sollten ebenso ermöglicht werden. Bei jeder Art von Problemen sollte die Lehrkraft ansprechbar sein, seien es Fragen des Vorgehens, der Arbeitsorganisation oder inhaltliche Fragen. Die Lehrkraft hilft, besondere Schwerpunkte zu setzen und sie gibt ggf. neue Impulse für das Lernen und Arbeiten, wenn sich zeigt, dass sich für einzelne Kinder eine unbefriedigende Situation ergeben hat, in der sie nicht mehr vorankommen. Begleitende Plenumsphasen während der gesamten Projektarbeit haben sich als sinnvoll erwiesen und sollten von der Lehrkraft eingeplant bzw. vorbereitet werden. Im Vorfeld der Projektarbeit kommt der Lehrkraft auch noch eine besonders wichtige Aufgabe zu: Sie sollte zusammen mit den Kindern eine Klassenbücherei einrichten, in der sich möglichst viele verschiedene Bücher zum Thema finden lassen. Auch ein gemeinsamer Bibliotheksbesuch mit Ausleihe von Büchern rund um das Thema ist sehr empfehlenswert.

4.4 Reflexion der Projektarbeit

Ein wichtiger letzter Arbeitsbereich bei einem Projekt ist die Reflexion des Erreichten und Erlernten. Es bietet sich an, nach der Projektarbeit im Plenum zu besprechen, wie das Projekt abgelaufen ist und was positiv oder negativ angemerkt werden muss. Folgende Punkte können an der Tafel oder am OHP notiert werden und Grundlage der Besprechung sein:
- Was hat dir besondere Freude gemacht?
- Was ist euch bei der Projektarbeit gut gelungen?
- Was war für dich das Wichtigste, das du gelernt hast?
- Was du sonst noch zum Projekt sagen möchtest …
- Was könnt ihr bei eurem nächsten Projekt noch verbessern?

Auf der Seite 37 des Projektheftes präsentiert übrigens die Begleitfigur Lola die gleichlautenden Punkte, die bei der Reflexion als Leitfragen hilfreich sein können.

Name: _____

Lernportion 1: Nomen			
Beobachtungsdatum	**+** = meist, sicher	**o** = gelegentlich, mit Hilfe	**−** = nie, unsicher
	☐ kann den Oberbegriff „Lebewesen" verwenden		
	☐ erkennt Nomen für Abstrakta		
	☐ ordnet Nomen für Lebewesen, Abstrakta und Dinge		
	☐ erkennt Nomen an den Wortbausteinen -ung, -heit, -keit, -nis		
	☐ bildet mit den Wortbausteinen -ung, -heit, -keit, nis aus vorgegebenen Adjektiven und Verben Nomen		
	☐ erkennt in Nomen mit den Wortbausteinen -ung, -heit, -keit, -nis die verwandten Verben oder Adjektive		
	☐ bildet zu vorgegebenen Nomen die richtige Form der Mehrzahl		
	☐ erkennt bei der Mehrzahlbildung die unterschiedlichen Formen		
	☐ verwendet passende Pronomen in Sätzen bzw. Texten		
	☐ unterscheidet die vier Fälle des Nomens und setzt sie in Texte ein		
	☐ fragt mit verschiedenen Fragewörtern nach den Nomen und bestimmt die vier Fälle		
	☐ stellt Nomen aus anderen Sprachen zusammen		
	☐ erkennt Unterschiede und Gemeinsamkeiten von Nomen der deutschen und fremden Sprachen		

Notizen

_____

_____

_____

_____

_____

_____

_____

_____

_____

_____

Name: _____

Lernportion 2: Verben		
Beobachtungsdatum	+ = meist, sicher o = gelegentlich, mit Hilfe	− = nie, unsicher

☐ kann regelmäßige und unregelmäßige Verben in den verschiedenen Personalformen bilden

☐ kennt die Funktion von Imperativen

☐ kann Aufforderungssätze mit Imperativen bilden

☐ beachtet das Ausrufezeichen am Ende von Aufforderungssätzen

☐ kann mit vorangestellten Wortbausteinen sinnvolle Verben bilden

☐ erkennt, dass beim Zusammensetzen von Verben mit vorangestellten Wortbausteinen die Wortbedeutung modifiziert wird

☐ kann mit zusammengesetzten Verben sinnvolle Sätze bilden

Notizen

_____

_____

_____

Lernportion 3: Zeitformen des Verbs		
Beobachtungsdatum	+ = meist, sicher o = gelegentlich, mit Hilfe	− = nie, unsicher

☐ erkennt in Texten Verben in der 1. Vergangenheit (Präteritum)

☐ kann Verben in der 1. Vergangenheit bilden

☐ erkennt in Texten Verben in der 2. Vergangenheit (Perfekt)

☐ kann Verben in der 2. Vergangenheit bilden

☐ findet zu Vergangenheitsformen die passende Grundform

☐ kennt die spezifische Verwendung der 1. und 2. Vergangenheit (Schriftsprache, gesprochene Sprache)

☐ kennt die Zeitform „Futur" und kann Verben im Futur bilden

☐ kann nach Signalwörtern Verben in den richtigen Zeitformen verwenden und mit diesen Verben Sätze bilden

Notizen

_____

_____

Name: _____

Lernportion 4: Adjektive		
Beobachtungsdatum	☐ + = meist, sicher ☐ o = gelegentlich, mit Hilfe ☐ − = nie, unsicher		
	☐ erkennt in Texten Adjektive
	☐ bildet aus Nomen und Verben Adjektive mit den Wortbausteinen -sam, -ig, -lich, -los, -bar, -isch
	☐ führt Adjektive mit den Wortbausteinen -sam, -ig, -lich, -los, -bar, -isch auf ihre Nomen und Verben zurück
	☐ bildet zusammengesetzte Adjektive, um die Bedeutung zu verstärken
	☐ bildet aus zusammengesetzten Adjektiven Gegensatzpaare
	☐ bildet zu Adjektiven Vergleichsstufen

Notizen

_____

_____

_____

_____

Lernportion 5: Wortartenbestimmung		
Beobachtungsdatum	☐ + = meist, sicher ☐ o = gelegentlich, mit Hilfe ☐ − = nie, unsicher		
	☐ kennt alle fünf Proben zur Bestimmung von Nomen
	☐ verwendet zum Beweis eines Nomens mindestens zwei Proben
	☐ erkennt mit Hilfe der Nomenproben Nomen in Texten, die ausschließlich in Großbuchstaben geschrieben sind
	☐ kennt drei Proben zur Bestimmung von Verben und nutzt diese
	☐ kennt zwei Adjektivproben und nutzt diese
	☐ bestimmt in Texten alle drei Wortarten mit Hilfe der Proben
	☐ nutzt die Wortartenproben in eigenen Texten als rechtschreibliche Hilfe

Notizen

_____

_____

_____

Beobachtungsbogen Themenheft 1 (Sprache untersuchen)

Name: _____

Lernportion 6: Sätze		
Beobachtungsdatum	**+** = meist, sicher **0** = gelegentlich, mit Hilfe **–** = nie, unsicher	
_____	☐ kennt den Begriff „Bindewort" (Konjunktion)	
_____	☐ kann verschiedene Bindewörter nennen (während, dass, wenn, weil, damit, obwohl, bevor, als)	
	☐ kann zwei Hauptsätze mit einem Bindewort zu einem Satzgefüge verbinden	
_____	☐ weiß, was mit dem Begriff „wörtliche Rede" bezeichnet wird	
	☐ kann Redebegleitsätze in Texten mit wörtlicher Rede kennzeichnen	
_____	☐ kann wörtliche Rede mit passenden Redebegleitsätzen aufschreiben (vorangestellter Redebegleitsatz)	
	☐ kann wörtliche Rede mit vorangestelltem Redebegleitsatz so verändern, dass der Redebegleitsatz nach der wörtlichen Rede steht	
_____	☐ weiß, dass Redebegleitsätze auch eingeschoben sein können	
	☐ weiß, wie Satz- und Redezeichen bei den verschiedenen Formen der wörtlichen Rede gesetzt werden	
_____	☐ kann bei Aufzählungen an den richtigen Stellen ein Komma einfügen	
	☐ kann eigene Aufzählungen unter Berücksichtigung der Kommasetzung schreiben	

Notizen

_____
_____
_____
_____
_____
_____
_____
_____
_____
_____
_____
_____

Name: _____

Lernportion 7: Satzglieder		
Beobachtungsdatum	**+** = meist, sicher **o** = gelegentlich, mit Hilfe **−** = nie, unsicher	
	☐ bildet aus Satzgliedern Sätze	
	☐ ordnet Satzglieder in Sätzen mit Hilfe eines Satzfächers unterschiedlich an	
	☐ kennt die Begriffe „Subjekt" und „Prädikat"	
	☐ ermittelt in Sätzen Subjekte und Prädikate durch Erfragen dieser Satzglieder	
	☐ bildet Sätze mit zweiteiligen Prädikaten und markiert diese	
	☐ kennt den Begriff „Wen- oder Was-Ergänzung" (Akkusativobjekt)	
	☐ ermittelt in Sätzen die „Wen- oder Was-Ergänzung" durch Fragen	
	☐ kennt den Begriff „Wem-Ergänzung" (Dativobjekt)	
	☐ ermittelt in Sätzen die „Wem-Ergänzung" durch Fragen	
	☐ findet in Sätzen durch Fragen Subjekte, Prädikate und Ergänzungen (Dativ- und Akkusativobjekt)	
	☐ findet in Sätzen durch Fragen Ergänzungen des Ortes und der Zeit	
	☐ verfasst „Treppensätze" mit verschiedenen Satzgliedern und markiert die Satzglieder in den für die Satzglieder vereinbarten Farben	

Notizen

_____
_____
_____
_____
_____
_____
_____
_____
_____
_____
_____
_____

Name: _____

Lernportion 8: Redensarten		
Beobachtungsdatum	☐ **+** = meist, sicher ☐ **o** = gelegentlich, mit Hilfe ☐ **–** = nie, unsicher	
	☐ kennt den Begriff „Redensart" und weiß, dass Redensarten durch bildhafte Sprache gekennzeichnet sind	
	☐ ordnet Redensarten passende Bilder und Bedeutungen zu	
	☐ wählt zu Redensarten aus zwei Bedeutungsoptionen die richtige Bedeutung aus	
	☐ erklärt die Bedeutung von Redensarten mit eigenen Worten	
	☐ erkennt inhaltliche Fehler in Redensarten und schreibt sie richtig auf	
	☐ kann Redensarten bildlich umsetzen	
	☐ kann Redensarten anhand von Bildern erkennen	
	☐ kann aus Redensarten Wort-Bilder gestalten	

Notizen

_____

_____

_____

_____

_____

_____

_____

_____

_____

_____

_____

_____

_____

_____

_____

Name: _____

Lernportion 1: Im Wörterbuch nachschlagen		
Beobachtungsdatum	$\boxed{+}$ = meist, sicher $\quad$ $\boxed{o}$ = gelegentlich, mit Hilfe	$\boxed{-}$ = nie, unsicher
_____	☐ kennt das Abc und ordnet Wörter nach ihren Anfangsbuchstaben alphabetisch	
_____	☐ ordnet Wörter mit gleichem Anfangsbuchstaben nach dem zweiten oder dritten Buchstaben alphabetisch	
_____	☐ findet falsch eingeordnete Wörter	
_____	☐ kennt die Begriffe „Leitwort" und „Nebenstichwort"	
_____	☐ findet sich im Wörterbuch zurecht und schlägt die richtige Schreibweise von Wörtern nach	
_____	☐ findet Artikel, Pluralformen und Bedeutungen von Nomen	
_____	☐ schlägt die richtige Schreibweise von zusammengesetzten Wörtern nach	
_____	☐ findet verwandte Wörter zu Nebenstichwörtern	
_____	☐ findet die Grundform von Verben im Wörterbuch	
_____	☐ erkennt und markiert den Wortstamm in verwandten Wörtern	
_____	☐ kontrolliert und verbessert markierte Wörter mit Hilfe des Wörterbuches	
_____	☐ überprüft die Aussprache von Fremdwörtern auf Lauttreue	
_____	☐ kontrolliert die Schreibweise von Fremdwörtern mit Hilfe des Wörterbuches	
_____	☐ erkennt Fremdwörter anhand ihrer Bedeutung	
_____	☐ wendet die Strategie „Nachschlagen" bei Unsicherheit selbstständig an	

Notizen

_____

_____

_____

_____

_____

_____

_____

_____

_____

_____

Name: _____

Lernportion 2: Mit Silben arbeiten			
Beobachtungsdatum	☐ **+** = meist, sicher	☐ **o** = gelegentlich, mit Hilfe	☐ **–** = nie, unsicher
_____	☐ erkennt die Silbenanzahl von Wörtern, zeichnet die Silbenbögen ein und markiert die Silbenkerne		
_____	☐ prägt sich lange Wörter ein und schreibt sie auswendig richtig auf		
_____	☐ nutzt das Silbensprechen beim Schreiben		
_____	☐ schreibt Sätze methodisch sinnvoll und korrekt ab		
_____	☐ nutzt die Silbenbögen zur Rechtschreibkontrolle		
_____	☐ setzt Silben zu sinnvollen Wörtern zusammen		
_____	☐ erkennt Wörter anhand ihrer Silbenkerne		
_____	☐ prägt sich Texte abschnittweise ein und schreibt sie richtig auf		
_____	☐ setzt Silbenkerne richtig ein		
_____	☐ trennt Wörter richtig am Ende der Zeile		
_____	☐ kennt die Trennungsregeln von Wörtern mit doppeltem Mitlaut, tz und ck		
	☐ trennt nicht, wenn ein Buchstabe allein stünde		

Notizen

_____

_____

_____

_____

_____

_____

_____

_____

_____

_____

_____

_____

_____

Name: _____

Lernportion 3: Merkwörter		
Beobachtungsdatum	**+ = meist, sicher** **o = gelegentlich, mit Hilfe** **− = nie, unsicher**	
_____	☐ erkennt und merkt sich Wörter mit ai	
_____	☐ setzt äh/öh/üh in Wörter passend ein	
_____	☐ findet weitere Wörter mit äh/öh/üh	
_____	☐ erkennt Reimwörter mit äh/öh/üh	
_____	☐ ordnet Wörter mit y nach der Aussprache des y-Lautes	
_____	☐ kann mit einem Wortlistentraining korrekt y-Wörter üben	
_____	☐ schreibt geläufige kleine Wörter sicher	
_____	☐ erkennt i-Laute in Wörtern und schreibt diese richtig	
_____	☐ schreibt gelernte Merkwörter der Lernportion sicher	

Notizen

_____

Lernportion 4: Ableiten und verlängern		
Beobachtungsdatum	**+ = meist, sicher** **o = gelegentlich, mit Hilfe** **− = nie, unsicher**	
_____	☐ verlängert Wörter/Wortstämme mit b/d/g und Doppelkonsonant	
_____	☐ entdeckt Rechtschreibfehler im Text und findet durch Verlängern die richtige Schreibweise	
_____	☐ ordnet Wörtern mit b/d/g bzw. Doppelkonsonant Schwungmuster korrekt zu	
_____	☐ findet zu Schwungmustern eigene Wörter	
_____	☐ ordnet ä-Wörter nach ihren Wortarten	
_____	☐ leitet ä-Wörter richtig ab	
_____	☐ findet Verben, Adjektive und Nomen mit äu	
_____	☐ findet zu Wortfamilien mit ä/äu den Wortstamm und verwandte Wörter	
_____	☐ unterscheidet ä/äu-Wörter von Wörtern mit e/eu	
_____	☐ findet die richtige Schreibweise durch Ableiten und setzt in Wörter korrekt e bzw. ä. ein	

Notizen

_____

_____

Name: _____

Lernportion 5: Groß- und Kleinschreibung

Beobachtungsdatum	☐ + = meist, sicher ☐ o = gelegentlich, mit Hilfe ☐ − = nie, unsicher
	☐ ersetzt Nomen (der Morgen, am Donnerstag etc.) durch kleingeschriebene Zeitangaben (morgens, donnerstags etc.)
	☐ setzt groß- und kleingeschriebene Zeitangaben richtig ein
	☐ beherrscht das Üben mit dem Wortanfangs- und Legediktat
	☐ findet mehrteilige Eigennamen
	☐ bildet aus Adjektiven und Nomen mehrteilige Eigennamen
	☐ schreibt mehrteilige Eigennamen groß
	☐ schreibt Verben mit verstecktem Artikel groß
	☐ bildet Sätze mit nominalisierten Verben

Notizen

_____

_____

Lernportion 6: Kurze und lange Selbstlaute

Beobachtungsdatum	☐ + = meist, sicher ☐ o = gelegentlich, mit Hilfe ☐ − = nie, unsicher
	☐ kann kurze und lange Selbstlaute unterscheiden und kennt die Symbole für kurz und lang
	☐ findet Wortpaare mit kurzem und langem Selbstlaut
	☐ identifiziert die „Nachdenkstelle" nach kurzem Selbstlaut
	☐ überprüft die Anzahl der nachfolgenden Konsonanten und leitet die Schreibweise richtig ab
	☐ nutzt die Strategie „Verlängern", um Doppelkonsonanten hörbar zu machen
	☐ schreibt Wörter mit Doppelkonsonanten richtig
	☐ unterscheidet Wörter mit tz und z
	☐ unterscheidet Wörter mit ck und k
	☐ kennt die Trennungsregeln von Wörtern mit ck und tz

Notizen

_____

_____

Name: _____

Lernportion 7: s-Laute		
Beobachtungsdatum	$\boxed{+}$ = meist, sicher　　$\boxed{o}$ = gelegentlich, mit Hilfe　　$\boxed{-}$ = nie, unsicher		
	☐ setzt s und ß richtig in Wörter ein	
	☐ findet weitere Wörter mit ß in der Wörterliste	
	☐ bildet bei Verben mit ß korrekt die Zeitformen und findet ein verwandtes Nomen dazu	
	☐ bildet aus zwei Nomen ein zusammengesetztes Nomen mit Fugen-s	
	☐ findet zu Worterklärungen das passende Nomen mit Fugen-s	
	☐ bildet eigene Wörter mit Fugen-s	
	☐ ersetzt „das" durch „dieses, jenes, welches"	
	☐ verbindet zwei Hauptsätze richtig mit der Konjunktion „dass" zu einem Satzgefüge	
	☐ unterscheidet die Schreibweise von „das" und „dass"	

Notizen

_____
_____
_____
_____
_____
_____
_____
_____
_____
_____
_____
_____
_____
_____
_____
_____

Name: _____

Lernportion 8: Rechtschreibstrategien anwenden			
Beobachtungsdatum	+ = meist, sicher	0 = gelegentlich, mit Hilfe	− = nie, unsicher
_____	☐ kennt die vier Strategien und die zugehörigen Symbole		
	☐ kann „Nachdenkstellen" mit Hilfe der Strategien überprüfen		
_____	☐ ordnet markierten „Nachdenkstellen" in Wörtern die jeweiligen Strategien zu, die dabei helfen, sich für die richtige Schreibweise zu entscheiden		
_____	☐ unterscheidet kurz und lang gesprochenes i und findet die richtige Schreibweise		
_____	☐ entscheidet sich mit Hilfe der bevorzugten Strategie (Silbensprechen bzw. Verlängern oder Überprüfen des Selbstlautes und der folgenden Mitlaute) für die richtige Schreibweise bei Wörtern mit Doppelkonsonaten, ck und tz		
	☐ findet zwischen Wörtern mit demselben Wortstamm das „Kuckucksei"		
_____	☐ erkennt durch Silbensprechen Rechtschreibfehler in einem Text		
_____	☐ schlägt weitere Fehlerwörter im Wörterbuch nach		
_____	☐ ordnet markierten Fehlerstellen die jeweils richtige Strategie zu		
_____	☐ erkennt Fremdwörter und Merkwörter mit lang gesprochenem i		
	☐ findet zu den Strategiezeichen passende „Nachdenkwörter" und schreibt diese richtig		
_____	☐ verbessert einen fehlerhaften Text mit Hilfe aller Strategien und Rechtschreibtipps und schreibt ihn richtig auf		
_____	☐ erkennt Fehler in einem Text und verbessert diese selbstständig		

Notizen

_____

_____

_____

_____

_____

_____

_____

_____

_____

Name: _____

Lernportion 1: Kreatives Schreiben fördern		
Beobachtungsdatum	**+** = meist, sicher **o** = gelegentlich, mit Hilfe **–** = nie, unsicher	
_____ _____ _____ _____ _____ _____	☐ gestaltet Anfangsbuchstaben als Monogramm	
	☐ sammelt zu Anfangsbuchstaben von Vor- und Nachnamen passende Wörter	
	☐ bildet mit den gefundenen Wörtern Sätze (Stabreime)	
	☐ findet in Texten zu Begriffen ähnliche passende Wörter bzw. Synonyme	
	☐ ersetzt Wörter in einem Text nach formalen Kriterien	
	☐ entschlüsselt durch einzelne Wörter verfremdete Texte nach vorgegebenen Kriterien	
	☐ nutzt kreative Verfahren, um in Partnerarbeit eine Geschichte zu entwickeln („Pingpong-Geschichte")	

Notizen

_____

_____

_____

Lernportion 2: Andere schriftlich informieren		
Beobachtungsdatum	**+** = meist, sicher **o** = gelegentlich, mit Hilfe **–** = nie, unsicher	
_____ _____ _____ _____ _____ _____ _____	☐ kennt die Merkmale einer E-Mail	
	☐ ordnet Betreffzeilen passende E-Mail-Inhalte zu	
	☐ unterscheidet persönliche und höfliche Anredepronomen	
	☐ schreibt kurze Briefe und verwendet Anredepronomen richtig	
	☐ verfasst mit Hilfe von Beispielwörtern einen Unfallbericht	
	☐ kennt die Kriterien eines Berichts	
	☐ wendet Kriterien eines Berichts bei Verfassen entsprechender Texte an	
	☐ bewertet Berichte mit Hilfe vorgegebener Kriterien	

Notizen

_____

_____

_____

Name: _____

Lernportion 3: Erlebnisse erzählen		
Beobachtungsdatum	**+** = meist, sicher **o** = gelegentlich, mit Hilfe **−** = nie, unsicher	
_____ _____ _____ _____ _____ _____ _____ _____	☐ plant eine Geschichte mit Hilfe von Stichworten	
	☐ schreibt eine Einleitung unter Berücksichtigung der „W-Fragen"	
	☐ verfasst passende Überschriften	
	☐ findet den Höhepunkt in Geschichten	
	☐ ordnet Ausdrücke für Gefühle richtig ein und ergänzt eigene Beispiele	
	☐ verwendet in eigenen Geschichten passende Wörter, um Gefühle zu beschreiben	
	☐ verfasst mit Hilfe eines Leitfadens zum Schreiben einer Erlebnisgeschichte einen entsprechenden eigenen Text	
	☐ führt mit anderen eine Schreibkonferenz durch	
	☐ überarbeitet eigene Geschichten	
	☐ schreibt eine Geschichte als Spielszene um und führt sie auf	

Notizen

_____

Lernportion 4: Gegenstände genau beschreiben		
Beobachtungsdatum	**+** = meist, sicher **o** = gelegentlich, mit Hilfe **−** = nie, unsicher	
_____ _____ _____ _____ _____ _____ _____	☐ kennt genaue Bezeichnungen für Gegenstände	
	☐ findet weitere anschauliche Adjektive und Verben zur genauen Beschreibung	
	☐ beschreibt Alltagsgegenstände mit Hilfe eines Leitfadens treffend	
	☐ kennt die Merkmale einer Suchanzeige	
	☐ entnimmt einer Suchanzeige den gesuchten Gegenstand und malt ihn	
	☐ schreibt eine eigene Suchanzeige	
	☐ untersucht Beschreibungen hinsichtlich nicht beachteter Schreibregeln und gibt Überarbeitungstipps	
	☐ nimmt Schreibhilfen an bzw. setzt Überarbeitungstipps um	

Notizen

_____

_____

Name: _____

Lernportion 5: Inhalte zusammenfassen			
Beobachtungsdatum	**+** = meist, sicher	**o** = gelegentlich, mit Hilfe	**–** = nie, unsicher
	☐ schlägt unbekannte Wörter selbstständig nach		
	☐ findet Stichworte zum Inhalt einer Fabel		
	☐ nutzt Stichworte zum Nacherzählen einer Fabel		
	☐ weiß, was eine Fabel ist		
	☐ findet Verben in der Vergangenheit (Präteritum) und setzt sie in die Gegenwartsform (Präsens)		
	☐ schreibt einen einleitenden Satz für eine Zusammenfassung		
	☐ wandelt für eine Zusammenfassung Stichworte in Sätze um		
	☐ nutzt einen Leitfaden mit Schreibkriterien für eine Textzusammenfassung		
	☐ beachtet die Zeitstufe in einer Zusammenfassung (Präsens)		
	☐ erzählt in der richtigen zeitlichen Reihenfolge		
	☐ schreibt sachlich und ohne wörtliche Rede		
	☐ fasst den Inhalt mit eigenen Worten zusammen		
	☐ überprüft und überarbeitet nach vorgegebenen Kriterien eigene Zusammenfassungen		
	☐ überprüft zusammen mit einem Partnerkind eine vorliegende Zusammenfassung als „Aufbau- und Ausdrucksexperte"		

Notizen

_____

_____

_____

_____

_____

_____

_____

_____

_____

Name: _____

	Lernportion 6: Fantasiegeschichten schreiben		
Beobachtungsdatum	**+ = meist, sicher**	**o = gelegentlich, mit Hilfe**	**− = nie, unsicher**
_____	☐ kennt die Merkmale einer Einleitung („W-Fragen")		
_____	☐ formuliert eine Einleitung zu einer Überschrift		
_____	☐ weiß, dass Texte aus unterschiedlichen Perspektiven geschrieben sein können		
_____	☐ ordnet verschiedenen Sichtweisen entsprechende Einleitungstexte zu		
_____	☐ schreibt den Hauptteil einer Fantasiegeschichte aus der Sicht einer Person		
_____	☐ kennt die Merkmale eines Schlusses		
_____	☐ findet in einer Auswahl Schlusssätze		
_____	☐ verfasst einen passenden Schluss		
_____	☐ nutzt einen Leitfaden zum Verfassen einer Fantasiegeschichte		
_____	☐ schreibt konsequent in der Vergangenheitsform (Präteritum)		
_____	☐ baut die Geschichte richtig auf (Überschrift, Einleitung, Hauptteil, Schluss)		
_____	☐ nutzt wörtliche Rede als Gestaltungsmittel		
_____	☐ verwendet abwechslungsreiche Satzanfänge		
_____	☐ schildert Gefühle		
_____	☐ schreibt einen spannenden Höhepunkt		
_____	☐ formuliert einen geeigneten Schluss		
_____	☐ führt eine Schreibkonferenz durch		
_____	☐ überarbeitet eigene Fantasiegeschichten		
_____	☐ gibt anderen Kindern zu deren Geschichten Überarbeitungstipps		

Notizen

_____

_____

_____

_____

_____

_____

Name: _____

Beobachtungsdatum	Lernportion 7: Handlungen beschreiben		
	+ = meist, sicher	**o** = gelegentlich, mit Hilfe	**–** = nie, unsicher
	☐ notiert stichwortartig alle einleitenden Informationen zu einem Lieblingsspiel (Name, Ziel, Mitspieler, Alter, Spielmaterial)		
	☐ begründet mündlich die Wahl eines Lieblingsspiels		
	☐ entnimmt einer Spielanleitung wesentliche Informationen		
	☐ ergänzt eine Mindmap mit Informationen aus einer Spielanleitung		
	☐ entwickelt mit einem Partnerkind Ideen für ein eigenes Spiel		
	☐ notiert Spielideen in einer Mindmap		
	☐ schreibt mit Hilfe eines Leitfadens und einer Mindmap eine Spielanleitung zu einem selbst erfundenen Spiel		
	☐ entwickelt und erstellt Spielmaterial zu einem selbst erfundenen Spiel		
	☐ überprüft das eigene Spiel hinsichtlich seiner Spielbarkeit		
	☐ schreibt Spielanleitungen und wendet die Schreibkriterien für diese Textsorte an		
	☐ fasst einleitende Informationen zusammen		
	☐ macht vollständige Angaben		
	☐ schreibt konsequent in der Gegenwartsform (Präsens)		
	☐ beschreibt den Spielverlauf verständlich und angemessen		
	☐ verwendet abwechslungsreiche Satzanfänge		
	☐ spricht eine Empfehlung aus bzw. begründet die Wahl des Spiels		
	☐ überprüft und überarbeitet Spielanleitungen		
	☐ gibt anderen Kindern zu deren Spielanleitungen angemessene Überarbeitungstipps		

Notizen

_____

_____

_____

_____

_____

Name: _____

<table>
<tr><td colspan="2">Lernportion 8: Gedichte schreiben</td></tr>
<tr><td>Beobachtungsdatum</td><td>+ = meist, sicher   o = gelegentlich, mit Hilfe   − = nie, unsicher</td></tr>
<tr><td>_____
_____
_____</td><td>☐ erkennt und benennt verschiedene Gedichtformen:</td></tr>
<tr><td></td><td>   ☐ Haiku</td></tr>
<tr><td></td><td>   ☐ Elfchen</td></tr>
<tr><td></td><td>   ☐ Reimgedicht</td></tr>
<tr><td></td><td>   ☐ Abzählvers</td></tr>
<tr><td></td><td>   ☐ Rondell</td></tr>
<tr><td></td><td>   ☐ Schneeballgedicht</td></tr>
<tr><td></td><td>☐ ordnet Gedichtformen einzelne Merkmale zu</td></tr>
<tr><td></td><td>☐ wählt eine Gedichtform aus und schreibt einen Analogtext unter Berücksichtigung der entsprechenden Merkmale</td></tr>
<tr><td></td><td>☐ bildet Reime</td></tr>
<tr><td></td><td>☐ verwendet Reime in einem „Zehn-Wörter-Gedicht"</td></tr>
<tr><td></td><td>☐ kennt den Bauplan eines Rondells</td></tr>
<tr><td></td><td>☐ verfasst ein eigenes Rondell</td></tr>
<tr><td></td><td>☐ überprüft das eigene Rondell hinsichtlich seiner Merkmale</td></tr>
<tr><td></td><td>☐ kennt den Bauplan eines „Schneeballgedichts"</td></tr>
<tr><td></td><td>☐ schreibt ein „Schneeballgedicht"</td></tr>
<tr><td></td><td>☐ gestaltet Gedichte in Schönschrift</td></tr>
<tr><td></td><td>☐ gestaltet Gedichte als Schmuckblatt</td></tr>
</table>

Notizen

_____

_____

_____

_____

_____

_____

_____

_____

Name: _____

Lernportion 1: Genau lesen		
Beobachtungsdatum	**+** = meist, sicher **o** = gelegentlich, mit Hilfe **−** = nie, unsicher	
	☐ liest buchstabenweise Wörter mit verwürfelten Buchstaben	
	☐ liest zusammengesetzte Nomen, die aus 3–6 Silben bestehen	
	☐ liest Sätze unter Betonung bestimmter Wörter	
	☐ entscheidet selbst über Betonungen und liest Sätze entsprechend vor	
	☐ liest Texte, deren Zeilen vertauscht sind	
	☐ liest Texte flüssig und entnimmt zugleich wesentliche Informationen	
	☐ ordnet Texten bzw. Textabschnitten passende Bilder zu	
	☐ entnimmt einem Leserätsel Informationen und setzt diese zeichnerisch um	

Notizen

_____

_____

_____

Lernportion 2: Verschiedene Quellen nutzen		
Beobachtungsdatum	**+** = meist, sicher **o** = gelegentlich, mit Hilfe **−** = nie, unsicher	
	☐ schlägt unbekannte Begriffe in einem Lexikon nach	
	☐ kennt die Internetadressen verschiedener Suchmaschinen für Kinder	
	☐ kennt den Aufbau der Homepage einer Suchmaschine für Kinder (z. B. „Blinde Kuh")	
	☐ nutzt Kindersuchmaschinen, um im Internet Informationen zu recherchieren	
	☐ entnimmt verschiedenen Quellen Informationen für einen Vortrag und notiert diese stichwortartig	
	☐ nutzt „Lupenwörter" zum Verständnis eines Zeitungsartikels	
	☐ gestaltet Informationsplakate nach inhaltlichen und optischen Erfordernissen	

Notizen

_____

_____

_____

Name: _____

Lernportion 3: Textinhalte verstehen			
Beobachtungsdatum	**+ = meist, sicher**	**o = gelegentlich, mit Hilfe**	**− = nie, unsicher**
_____	☐ entnimmt einem Text relevante Zahlen und versteht diese im Kontext		
	☐ entnimmt einem diskontinuierlichen Text Informationen (Balkendiagramm)		
_____	☐ nutzt Überschriften und Bilder als Hilfen für das Textverständnis		
	☐ findet selbst Zwischenüberschriften für Absätze		
_____	☐ versteht Fremdwörter aus dem Kontext heraus		
	☐ schlägt unbekannte Fremdwörter in Lexika nach		
_____	☐ nutzt das überfliegende Lesen zur ersten Information über Textinhalte		
	☐ nutzt das überfliegende Lesen, um einzelne Aussagen zu Texten zu überprüfen		
_____	☐ findet wichtige Wörter in einem Text und markiert sie		

Notizen

_____

_____

_____

_____

Lernportion 4: Sagen und Fabeln			
Beobachtungsdatum	**+ = meist, sicher**	**o = gelegentlich, mit Hilfe**	**− = nie, unsicher**
_____	☐ kennt Merkmale der Textsorte „Sage"		
	☐ ordnet Bilder zu einer Sage dem Text entsprechend		
_____	☐ findet zu Aussagen passende Textstellen		
	☐ kennt Merkmale der Textsorte „Fabel"		
_____	☐ ordnet Fabeltieren passende Eigenschaften zu		
	☐ weiß, was die „Lehre" einer Fabel ist, und formuliert selbst Lehren zu Fabeln		
_____	☐ setzt eine Fabel zusammen mit Partnerkindern szenisch um		

Notizen

_____

_____

_____

_____

Name: _____

Lernportion 5: Bücher und Autoren kennen lernen		
Beobachtungsdatum	**+** = meist, sicher **o** = gelegentlich, mit Hilfe **−** = nie, unsicher	
_____	☐ entnimmt Texten Informationen über Kinder- und Jugendbuchautoren	
_____	☐ gibt Gelesenes mit eigenen Worten wieder	
_____	☐ stellt anderen Kindern einen Autor vor	
_____	☐ liest Klappentexte und ordnet sie Buchcoverabbildungen zu	
_____	☐ stellt Vermutungen dazu an, zu welchem Buch ein Textausschnitt gehört	
_____	☐ wählt ein Buch aus, das es gern lesen würde, und begründet die Auswahl	
_____	☐ kann grundsätzliche Unterschiede von Film und Buch nennen	
_____	☐ kann nicht mehr zeitgemäße Ausdrücke aus einem älteren Kinderbuch in heutige Sprache überführen	
_____	☐ kennt und nutzt verschiedene Möglichkeiten, sich vor der Lektüre über ein Buch zu informieren (Cover, Klappentext, Internet)	
_____	☐ kennt den Begriff „Pressestimme" bzw. „Leserstimme"	
	☐ schreibt selbst eine Leserstimme zu einem Lieblingsbuch	

Notizen

_____

_____

_____

_____

_____

_____

_____

_____

_____

_____

_____

_____

_____

_____

_____

Name: _____

Lernportion 6: Texte gestalten und präsentieren		
Beobachtungsdatum	**+** = meist, sicher **o** = gelegentlich, mit Hilfe **–** = nie, unsicher	
_____	☐ kann ein Gedicht rhythmisch vortragen	
_____	☐ kann Besonderheiten eines Hörspiels benennen	
_____	☐ findet passende Geräusche zur Untermalung von Hörspielszenen	
_____	☐ kennt den Begriff „Ballade"	
_____	☐ zeichnet zu einzelnen Strophen einer Ballade passende Bilder	
_____	☐ trägt eine Ballade mit Hilfe gezeichneter Bilder vor	
_____	☐ kennt den Begriff „Fotostory" und Merkmale dieser Textsorte	
_____	☐ ordnet Textaussagen den Bildern einer Fotostory zu	
	☐ versetzt sich in Figuren hinein und verfasst aus ihrer Sicht Sprechblasentexte	

Notizen

_____

_____

_____

_____

_____

_____

_____

_____

_____

_____

_____

_____

_____

_____

_____

_____

Name: _____

Lernportion 7: Verschiedene Gedichte untersuchen		
Beobachtungsdatum	**+** = meist, sicher **o** = gelegentlich, mit Hilfe **−** = nie, unsicher	
	☐ kennt die Begriffe „Gedicht", „Strophe", „Vers" und „Reim"	
	☐ liest reimlose Gedichte und begründet, warum ihm ein Gedicht besonders gefällt	
	☐ untersucht Gedichte unter den Aspekten Überschrift, Autor, Anzahl der Strophen und Verse, Thema des Gedichts	
	☐ schreibt einen Satz in Gedichtform untereinander	
	☐ kennt verschiedene Reimmuster (Paarreim, Kreuzreim)	
	☐ überprüft Gedichte hinsichtlich des Reimmusters und benennt die verwendeten Reimwörter und die Art der Reime	
	☐ reorganisiert Strophen eines Gedichtes	
	☐ erkennt und benennt sprachliche Besonderheiten eines Gedichtes	
	☐ liest Gedichte ausdrucksvoll vor	

Notizen

_____

_____

_____

_____

_____

_____

_____

_____

_____

_____

_____

_____

_____

Name: _____

Lernportion 8: Gedanken zu Texten entwickeln			
Beobachtungsdatum	$\boxed{+}$ = meist, sicher	$\boxed{0}$ = gelegentlich, mit Hilfe	$\boxed{-}$ = nie, unsicher
_____	☐ liest altersgemäße erzählende Texte		
_____	☐ kann Emotionen, die sich in erzählenden Texten abzeichnen, nachvollziehen und in eigene Worte fassen		
_____	☐ setzt Gelesenes zu eigenen Erlebnissen und Erfahrungen in Beziehung		
_____	☐ versetzt sich in literarische Figuren und übernimmt deren Sicht		
_____	☐ zieht Schlussfolgerungen aus Texten		
_____	☐ stellt weitergehende Vermutungen zu Texten an		
_____	☐ kennt Regeln, die beim Diskutieren eines Themas zu beachten sind		
_____	☐ beachtet Gesprächsregeln beim Diskutieren		
_____	☐ nimmt an Diskussionen aktiv teil		

Notizen

_____

_____

_____

_____

_____

_____

_____

_____

_____

_____

_____

_____

_____

_____

_____

_____

Bilde aus den folgenden Wörtern Nomen mit den Bausteinen
-heit, -keit, -nis und **-ung.** Setze den Artikel dazu.

| übel | heiter | wahr | frei | rechnen | zeichnen | geheim |

_____

_____

_____

Schreibe die folgenden Nomen in der Mehrzahl auf und markiere die Endungen.

die Freundin – _____   das Foto – _____

der Berg – _____   der Affe – _____

die Pilotin – _____   das Land – _____

Frage nach den unterstrichenen Nomen.
Schreibe die Fragesätze auf und unterstreiche die Fragewörter.

Nach den Ferien freuen sich <u>die Kinder</u> auf die Schule.

_____

_____

Vor Schulbeginn schmückt die Lehrerin <u>das Klassenzimmer</u>.

_____

_____

Der Chor bereitet <u>den Erstklässlern</u> einen Empfang.

_____

_____

Schreibe zwei eigene Sätze, in denen jeweils das Pronomen **ihm** und **ihnen** vorkommt.

_____

_____

1 Ergänze die Tabelle mit den passenden Grund- und Personalformen.

Grundform		
1. Person Einzahl		
2. Person Einzahl	du gibst	
3. Person Einzahl		
1. Person Mehrzahl		
2. Person Mehrzahl		
3. Person Mehrzahl		sie binden

> Du **gibst** dir bestimmt viel Mühe!

2 Bilde Aufforderungssätze, die du zu einem Kind sagen könntest.
Unterstreiche die Verben in der Aufforderungsform.

| vor dem Schwimmen duschen | beim Duschen beeilen | andere nicht ärgern |

3 Schreibe acht sinnvolle zusammengesetzte Verben auf.

| an | aus | nach | vor | ver | schalten | streichen | laufen |

4 Schreibe mit zwei zusammengesetzten Verben jeweils einen Satz.

1 Gottlieb Daimler, einer der Männer, die das Automobil erfanden, erzählt.
Setze die Verben in der 2. Vergangenheit ein.

Ich _____ den ersten Motorwagen _____ (erfinden). Meine Frau

_____ mich immer _____ (unterstützen). Die erste Fahrt

_____ meine Frau und meine beiden Söhne gemeinsam _____

_____ (unternehmen). Sie _____ sicher und gesund am Ziel

_____ (ankommen). Wir _____ immer ein gemeinsames

Ziel _____ (verfolgen): Eine ganz neue Idee in die Praxis umzusetzen.

2 Setze die Verben in der Zukunft ein.

Die Menschen _____ zum Mond _____ (reisen).

Auf der Erde _____ die Menschen in kleinen fliegenden Schüsseln

_____ (umherfliegen). Ein berühmter Erfinder _____

eine große Mondstation _____ (aufbauen). Wir _____

alle Raumanzüge _____ (anziehen).

3 Ergänze die Tabelle mit den passenden Zeitformen.

Grundform	Gegenwart	1. Vergangenheit
		wir träumten
laufen	ich	
	sie fährt	

4 Schreibe mit zwei Verben aus Aufgabe **3** jeweils einen Satz.

_____

_____

1 Bilde mit den Wortbausteinen sinnvolle Adjektive und schreibe sie auf.

sparen	Wunder	Dieb	verändern		-ig	-isch	-lich
Ziel	Mann	Frieden	Wind		-sam	-bar	-los

_____

_____

2 Ergänze die Tabelle.

Grundstufe	1. Vergleichsstufe	2. Vergleichsstufe
gut		
		am meisten
sportlich		
	lieber	

3 Schreibe sechs sinnvolle zusammengesetzte Adjektive auf.

Himmel	Feder	Schnee		fleißig	stark	weiß
Bienen	Hunde	Bären		blau	leicht	müde

_____

_____

4 Schreibe zwei Sätze auf, in denen du jeweils mindestens ein zusammengesetztes Adjektiv aus Aufgabe **3** verwendest.

_____

_____

1 Unterstreiche alle Nomen, Verben und Adjektive in drei verschiedenen Farben.

IM STROH RASCHELTE ES. EIN BISSCHEN UNHEIMLICH KLANG DAS SCHON,
ABER EMMA STELLTE SICH EINFACH EIN PAAR NETTE KLEINE MÄUSE VOR.
VOR DENEN HATTE SIE NÄMLICH KEINE ANGST.
UNTER DEM LETZTEN STALLFENSTER STAND JETZT EINE KISTE MIT
MISSISSIPPIS SATTEL, DECKE UND ZAUMZEUG. DOLLY HATTE SIE EXTRA
VOM DACHBODEN GEHOLT. SO SCHÖN WIE DIE VON KLIPPERSBUSCH
WAR SIE NICHT, ABER EMMA WOLLTE SIE NOCH ANMALEN.   *Cornelia Funke*

2 Wähle zu jeder Wortart aus dem Text oben ein Wort aus und
notiere stichwortartig Beweise.

Nomen: _____

Meine beiden Beweise: _____

_____

_____

Verb: _____

Mein Beweis: _____

Adjektiv: _____

Mein Beweis: _____

3 Markiere in jeder Reihe das Wort, dessen Wortart nicht zu den anderen passt.

WALD ✹ NATUR ✹ EICHHÖRNCHEN ✹ FRESSEN ✹ NÜSSE

EISIG ✹ KALT ✹ EIS ✹ WINDIG ✹ SELTSAM ✹ FRISCH

BLINKEN ✹ BRENNEN ✹ BASTELN ✹ BRAND ✹ BLASEN ✹ BLUTEN

4 Erfinde selbst zwei solche Reihen.

_____

_____

1 Setze die passenden Bindewörter ein: **obwohl, während, weil, dass, damit.**

Lisa und Tim wollen ihr Taschengeld aufbessern, _____ sie sich eine Reise

nach England leisten können. _____ sie schon eine ganze Menge Geld

gespart haben, reicht die Summe leider noch nicht. Sie wissen, _____ es

nicht billig ist, eine Reise ins Ausland zu machen. Lisa ist neidisch, _____ Tim

schon mehr Geld gespart hat als sie selbst. Er hat allerdings seiner Oma fleißig

im Garten geholfen, _____ Lisa lieber gefaulenzt hat.

2 Unterstreiche die vorangestellten Redebegleitsätze rot, die nachgestellten blau
und die eingeschobenen gelb. Setze die fehlenden Zeichen ein.

Tim fragt ☐ ☐ Was willst du werden, wenn du groß bist ☐ ☐

☐ Ich will Zahnärztin werden ☐ ☐ antwortet Lisa ☐

☐ Oder Lehrerin ☐ ☐ fährt Lisa fort ☐ ☐ damit ich unterrichten kann ☐ ☐

☐ Was willst du eigentlich werden, wenn du groß bist ☐ ☐ ☐ hakt Lisa nach ☐

☐ Ich will ☐ ☐ antwortet Tim ☐ ☐ unbedingt Rennfahrer werden ☐ ☐

Lisa lacht ☐ ☐ Dann werde ich Automechatronikerin und helfe dir,

der schnellste Rennfahrer der Welt zu werden ☐ ☐

3 Stell dir vor, dass ein drittes Kind dazukommt.
Schreibe das Gespräch mit einigen Sätzen weiter.

_____

_____

_____

_____

_____

Du kannst auch vorher die passenden Teile anmalen.

1 Schreibe mit den Satzgliedern sinnvolle Sätze auf.
Unterstreiche die Subjekte blau und die Prädikate rot.

Die Mutter	backt	dem Autofahrer	Futter
Die Lehrerin	erklärt	dem Hund	einen Kuchen
Der Junge	gibt	der Lehrerin	den Weg

2 Stelle zu zwei deiner Sätze die Fragen nach der
Wen- oder Was-Ergänzung und nach der Wem-Ergänzung.
Schreibe die Fragen und kurze Antworten auf.

3 Schreibe einen eigenen Satz mit möglichst vielen Satzgliedern auf.
Bestimme sie und unterstreiche sie in den passenden Farben.

1 Ordne den Redensarten durch Nummerieren die passende Bedeutung zu.

1	das ganze Haus auf den Kopf stellen

	jemandem nicht ganz die Wahrheit sagen

2	mit dem Kopf durch die Wand gehen

	vergessen, was man sagen wollte

3	jemandem einen Bären aufbinden

Hier geht es um die Wurst!

	das Haus in Unordnung bringen

4	den Faden verlieren

	etwas unbedingt wollen

5	zwei Fliegen mit einer Klappe schlagen

	etwas nicht genau prüfen

6	die Katze im Sack kaufen

	zwei Dinge gleichzeitig erledigen

2 Schreibe eine Redensart auf, in der Tiere vorkommen.

_____

_____

3 Schreibe eine kleine Geschichte, in der eine Redensart vorkommt.

_____

_____

_____

_____

_____

_____

_____

A B C D E F G

1 Schreibe alle Wochentage nach dem Alphabet geordnet auf.

_____

_____

2 Nummeriere die Wörter in der Reihenfolge des Alphabets.

☐ Luke   ☐ Luft   ☐ lügen   ☐ Lupe   ☐ Lunge   ☐ Lümmel

3 Schreibe zu den Nebenstichwörtern jeweils ein verwandtes Wort auf, unter dem du nachschlagen kannst.

portugiesisch: _____   mühsam: _____

die Flucht: _____   die Spülung: _____

4 Schlage die richtige Schreibweise nach und ergänze die Lücken.

| der J_____rnalist
 (u/ou) | der Ko_____i_____ar <br> m/mm s/ss | der _____irurg
 (Sch/Ch) |

5 Kreuze die Wörter an, die es nur in der Einzahl gibt.

◯ der Wagen   ◯ die Vernunft   ◯ der Sand   ◯ das Salz

◯ der Hammer   ◯ der Durst   ◯ der Ballon   ◯ der Lärm

◯ die Milch   ◯ das Theater   ◯ die Firma   ◯ das Lexikon

Schlage im Wörterbuch nach, wenn du unsicher bist.

1 Ordne die Silben zu sinnvollen Wörtern.

| tur Na mu de se um kun | auf The a rung füh ter |

_____   _____

2 Ergänze die fehlenden Silben.

Ges_____ mach_____ meine Klasse _____nen Aus_____

in ein Freilicht_____seum. Dort _____sichtigten wir

_____schiedene al_____ Bauernhäu_____ und

konnten Handwer_____ bei ihrer Arbeit

beob_____ten. Al_____

Kin_____ hatten viel Spaß.

3 Ergänze die fehlenden Silbenkerne.

Am besten h___ben mir aber d____ Tier____ gef___llen, die Z____gen,

die Sch___fe und die H___hner, d____ gerad___ winzige K___ken hatten.

4 Male alle Wörter an, die du nicht trennen kannst.

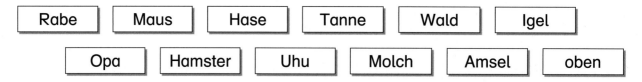

| Rabe | Maus | Hase | Tanne | Wald | Igel |

| Opa | Hamster | Uhu | Molch | Amsel | oben |

5 Trenne die Wörter, wenn es geht, und schreibe die Trennungsregel kurz dazu.

Zecke: _____

Katze: _____

Ratte: _____

Esel: _____

Male das Kästchen mit der richtigen Schreibweise farbig an.

Allm [ä/äh] lich kommen bei Familie Weber Urlaubsgef [üh/ü] le auf, denn am

Hafenk [ei/ai] wartet ein gigantisches Passagierschiff auf sie. Noch zwei Stunden,

bis die „MS World" in See sticht. W [äh/ä] rend Lara und Laurin ausf [ü/üh] rlich

das Oberdeck erkunden, schießt ihr Vater als Hobb [y/ie] fotograf die ersten Bilder.

Frau Weber f [ü/üh] lt sich in der geräumigen Kab [i/y] ne k [ei/ai] serlich und

räumt rasch die P [y/ü] jamas und Laras Tedd [ie/y] in die Betten der Kinder.

Vorsichtshalber hat sie für die Abendveranstaltungen ihr Cockt [ai/ei] lkleid,

den kleinen Haarf [öh/ö] n und sogar den Z [y/ü] linder ihres Mannes eingepackt.

Obwohl Lara und Laurin für gew [ö/öh] nlich Jeans tragen, wurden auch sie

neu eingekl [ei/ai] det. Kurz darauf steht die Familie aus B [ai/ay] ern an der Reling

und winkt den Schaulustigen zu. Schon am zw [ei/ai] ten Tag schreibt Frau Weber

eine E-M [ei/ai] l an die dah [ei/ai] mgebliebenen Tenn [y/i] s-Damen und schwärmt

ausf [üh/ü] rlich von dem traumhaften Buffet und dem G [ü/y] mnastiktr [ai/ei] ner

im Sportstud [y/i] o auf Deck 4.

Schreibe jeweils drei zusammengesetzte Nomen mit **ai** und **y** auf.

_____

_____

1 Markiere grün Wörter, die du verlängern kannst,
gelb Wörter, die du ableiten kannst.

Manchmal musst du
ein Wort auch grün **und** gelb markieren,
manchmal gar nicht.

Vogeltränke	Hasenkäfig	Katzenstreu	Zwergkaninchen
Fressnäpfe	Läusekamm	Wassertrog	Kräftigungsfutter
Schoßhund	Blattläuse	Katzenbürste	Mäusehäuschen
Vogelsand	Hamsterrad	Hundeleine	Nagestange

2 Schreibe auf die Schwungmuster das passende Wort.

Geldbeutel	Schwimmbrett	Walnusseis	Gartenzwerg	Bordsteinkante

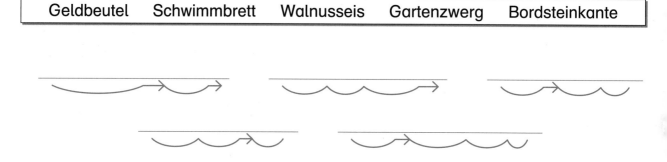

3 Finde zu drei Schwungmustern ein eigenes Verlängerungswort.

_____

_____

4 Schreibe vier oder mehr Merkwörter mit **ä** auf.

_____

_____

● Markiere die Satzanfänge grün und alle Nomen gelb.

JEDEN MITTAG GEHE ICH NACH DER SCHULE AUF DEN BOLZPLATZ.

BEIM KICKEN TREFFE ICH MEINE FREUNDE. WENN DAS SPIELEN

LANGWEILIG WIRD, GEHEN WIR AUF DEN SPIELPLATZ ZUM SCHAUKELN

UND RUTSCHEN. DOCH AUF DAS KARUSSELL GEHEN NUR LARA

UND OLE. DEN ANDEREN KINDERN WIRD ES VOM DREHEN SCHLECHT.

● Setze ein und beachte die Groß- und Kleinschreibung.

| deutsch |

Berlin ist die größte _____ Stadt.

Hier befindet sich der _____ Bundestag.

| rot |

Neben dem _____ Platz in Moskau

steht ein Haus mit einem _____ Dach.

| groß |

Von der _____ Sternwarte aus sieht man

nachts nicht nur den _____ Wagen.

● Setze eigene passende Zeitangaben in die Lücken ein.
Entscheide, ob du groß- oder kleinschreiben musst.

An Werktagen muss ich _____ immer früh schlafen gehen,

denn am nächsten _____ komme ich sonst nicht aus dem Bett.

Besonders schwer ist es _____ nach den Ferien.

Am _____ haben wir in der ersten Stunde Musik,

das finde ich toll. _____ bin ich immer richtig fit.

Wenn ich am _____ aus der Schule komme,

freue ich mich immer, dass endlich Wochenende ist.

1 Markiere lange Selbstlaute mit einem Strich, kurze, betonte Selbstlaute mit einem Punkt.

Wind	Nase	Kuss	Gras	List	ihr
Biene	Suppe	Plan	oben	unten	Pfanne

2 Schreibe die Wörter zu den Bildern auf, markiere den kurzen Selbstlaut und kennzeichne die nachfolgenden Mitlaute.

_____   _____   _____   _____

3 Setze einen einfachen oder doppelten Mitlaut in die Wörter ein.

Zuerst tröpfelte es nur ganz leicht. Doch bald kam ein he_____tiger Stu_____m
  (f/ff)   (r/rr)

auf und rü_____elte und ze_____te an den Blä_____ern der Bäume.
    (t/tt)   (r/rr)   (t/tt)

Ku_____z darauf bega_____ es zu schü_____en wie aus Kü_____eln und
   (r/rr)   (n/nn)   (t/tt)   (b/bb)

a_____es wurde in kurzer Zeit pitschna_____.
  (l/ll)   (s/ss)

4 Setze **tz** oder **z, ck** oder **k** ein.

Kapu____e	War____e	Gla____e	Schnau____e	Ta____e

We____er	len____en	Kü____en	bli____en	Ha____e

5 Schreibe die „Eselsbrücke" weiter.

Nach l, n, r, _____

_____

_____

Ordne die Wörter zu den Bildern passend in die Tabelle ein.

Wörter mit s	Wörter mit ß
_____	_____
_____	_____
_____	_____
_____	_____
_____	_____

Ersetze **das** jeweils durch ein anderes passendes Wort.

Das (_____) ist das Lied, **das** (_____) meiner Mutter

so gut gefällt. **Das** (_____) andere Lied mag sie nicht.

Schreibe zwei eigene Sätze mit dem Bindewort **dass.** Denk an das Komma.

_____

_____

_____

_____

1 Überlege bei jedem Wort, wie du es schreibst.
Entscheide, welche Strategie dir hilft.
Schlage wenn nötig im Wörterbuch nach.

Wort	Strategie/Hilfe	richtig
der Pfa✴ (d/t)	↪ Pfade	Pfad
gro✴ (s/ß/ss)	M, der Großmarkt	
der Sa✴el (t/tt)		
der Co✴boy (w/v)		
das Pfer✴ (d/t)		
die W✴de (ei/ai)		
die Ra✴t (s/ss)		
die He✴e (k/ck)		
die Z✴ne (eu/äu)		
das F✴len (o/oh)		
der Wal✴ (d/t)		
tr✴men (äu/eu)		
die L✴te (eu/äu)		
s✴gen (i/ie)		
er gewi✴t (n/nn)		
das Ol✴mpia (i/ü/y)		
✴urnier (T/t)		

Ersetze die unterstrichenen Wörter durch andere passende Wörter.
Schreibe die gefundenen Wörter darüber.

Wassertiere

An einem <u>Gewässer</u> kann man <u>mehrere</u> Wassertiere erforschen.

Die <u>Wesen</u> sind oft <u>klein</u>, deshalb muss man genau <u>hinschauen</u>.

Manche verstecken sich zum Beispiel unter Steinen.

Es gibt dort vielleicht Eintagsfliegen- und Köcherfliegenlarven,

Egel und Öhrchenplanarien. Auch im Schlamm eines Baches

gibt es <u>Lebewesen</u>. Willst du sie <u>untersuchen</u>?

Das geht so: Man füllt eine flache Schale mit <u>klarem</u> Wasser.

Mit einem kleinen Sieb streift man durch den Bachschlamm.

<u>Anschließend</u> wird das Sieb ausgespült, indem man es

gegen die Strömung hält. Kleine Tiere bleiben darin hängen.

<u>Nun</u> kann man die Tiere in die Schale <u>tun</u>. Es sind vielleicht

Bachflohkrebse oder Zuckmückenlarven dabei.

Die Tiere sollten nicht länger als zehn Minuten <u>beobachtet</u> werden,

sonst <u>kriegen</u> sie in der Schale zu wenig Sauerstoff.

Erkläre, was ein Monogramm ist.

_____

_____

_____

1 Verbinde die passenden Felder oder
male zugehörige Felder jeweils mit einer Farbe aus.

Cc	Kopfzeile einer E-Mail, in der Hinweise auf Absender, Empfänger und Datum stehen
Bcc	electronic mail (= elektronische Post)
Betreff	Anliegen einer schriftlichen Nachricht
Header	carbon copy (= Kopie der Mail an einen weiteren Empfänger)
E-Mail	blind carbon copy (= Blinkopie der Mail an weitere, für andere unsichtbare Empfänger)

2 Kreise die persönlichen Anredepronomen blau und die höflichen rot ein.

Sie	du	Ihr	dein	Ihre	Ihrem	euer	eure
Ihres	dich	Ihren	deines	euch	Ihrer		

3 Kreuze an, was du in einem Bericht über einen Unfall beachten musst.

○ Ich schreibe sehr fantasievoll.

○ Ich bin sachlich und schreibe ohne Gefühle.

○ Ich schreibe in der Gegenwartsform.

○ Ich verwende den Anlass als Überschrift.

○ Ich beantworte alle W-Fragen.

○ Ich benutze wörtliche Rede.

○ Ich schreibe in der 1. Vergangenheit (Präteritum).

○ Die zeitliche Reihenfolge spielt in einem Bericht keine Rolle.

○ Ich schreibe einen abschließenden Satz.

Lies den folgenden Teil einer Geschichte
und markiere den Höhepunkt farbig.

(…) Florian hatte sich im Klo vor den Jungen,

die ihn verprügeln wollten, versteckt. Er dachte:

„Komm doch endlich, Papa, und hol mich

hier raus!" Nach einer Weile hörte er Stimmen

aus der Ferne. „Fang du oben an!", sagte einer.

„Wir nehmen uns erstmal das Klo vor!",

sagte der andere. Florians Herz rutschte in seine Hose.

Sein ganzer Körper zitterte vor Angst. Er dachte:

„Jetzt bin ich dran!" Angestrengt lauschte er

auf jedes Geräusch. Da hörte er jemanden laut singen:

Die Putzhilfe kam …

Schreibe jeweils vier Ausdrücke auf, mit denen du die Gefühle
Freude und Angst beschreiben kannst.

Angst	Freude

Finde zwei mögliche Überschriften zur Geschichte oben.

_____

_____

Gegenstände genau beschreiben

1 Beschreibe deine Schultasche oder deine Jacke.

2 Finde jeweils ein Adjektiv bzw. ein Verb mit ähnlicher Bedeutung.

groß	______	intelligent	______
böse	______	kalt	______
schimpfen	______	weinen	______

Lies das Märchen „Die verzauberte Prinzessin" und markiere alle Sätze,
die für eine Zusammenfassung wichtig sind.

Es war einmal eine wunderschöne Prinzessin. Wer sie ansah, war wie gebannt
von ihrer Schönheit, besonders von ihren strahlenden Augen. Doch leider
war die Prinzessin vor sieben Jahren von einer bösen Fee verzaubert worden.
Und nun sagte sie stets das Gegenteil dessen, was sie eigentlich meinte.
Fragte sie beispielsweise ihr Vater, König Aloisius vom Kirschenreich:
„Mein Kind, möchtest du noch ein Stück dieser vorzüglichen Schokoladentorte?"
So antwortete sie: „Nein, bestimmt nicht, Papi König! Ich mag doch gar keine
Schokoladentorte!" Der König und die Königin waren untröstlich über
den bösen Zauber! Tag und Nacht überlegten sie, was sie tun könnten.
Und eines Tages hatten sie eine Idee: Sie befahlen ihren Untertanen,
auch immer das Gegenteil dessen zu sagen, was sie meinten. Und so
sprachen die Menschen im Kirschenreich eine neue Sprache …

Gute Idee!

Schreibe eine Zusammenfassung des Märchens.

1 Nenne fünf wichtige Teile einer Fantasiegeschichte.

_____

_____

2 Nenne die Teile einer Geschichte, die hier gemeint sind.

Die **spannendste Stelle** in der Geschichte. _____

Wann spielt die Geschichte? _____

Sie macht zu Beginn neugierig, verrät aber nicht zu viel. _____

Wo spielt die Geschichte? _____

Hier wird ausführlich erzählt, **was** passiert. _____

Wer spielt mit? _____

Hier steht knapp, wie die Geschichte **endet.** _____

3 Überlege, ob es sich bei den folgenden Sätzen um Einleitungs- oder Schlusssätze einer Fantasiegeschichte handelt.

Es war ein wunderschöner Tag im Juni.

Alles begann an einem verregneten Montagmorgen.

Nur gut, dass alles nur ein Traum war.

Wer weiß, was sonst noch alles passiert wäre!

Am Wochenende wollte uns mein Onkel Erwin besuchen.

Schön, dass sich keiner verletzt hatte!

Schreibe **E** für **Einleitung** und **S** für **Schluss.**

4 Schreibe selbst einen oder mehrere Einleitungssätze zu einer Fantasiegeschichte.

_____

_____

_____

Ergänze die Mindmap mit den Merkmalen einer Spielanleitung.

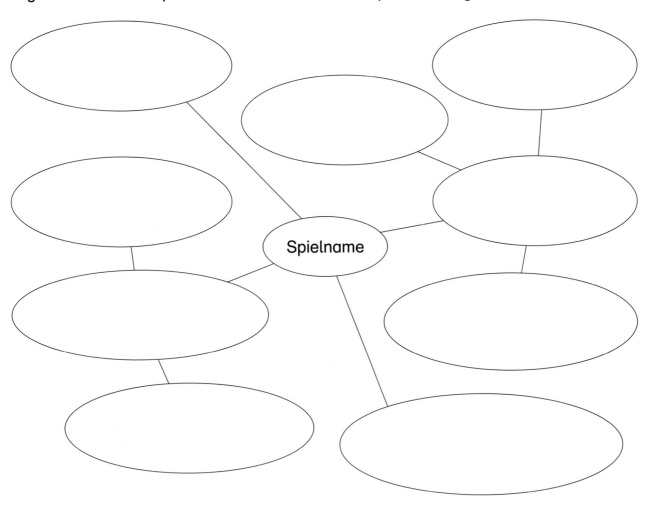

Spielname

Lies die Spielanleitung. Kreuze unten an,
welche Punkte in der Spielanleitung beschrieben wurden.

Bingo ist ein einfaches Glücksspiel. Es gewinnt derjenige, der in seinem
Wörterraster zuerst eine Reihe bzw. Spalte markieren kann und „Bingo" ruft.
Zunächst wird ein Spielleiter festgelegt. Dann sucht sich jeder Spieler
aus den Wortkarten Wörter aus, die er in seine Bingokarte in einer beliebigen
Reihenfolge einträgt. Wenn ein aufgerufenes Wort auch auf der Bingokarte
steht, muss der Spieler dieses umkreisen. Dies wird so lange gemacht,
bis ein Spieler eine ganze Reihe oder Spalte seiner Bingokarte markiert hat.
Dann ruft er laut „Bingo" und hat gewonnen.

- ◯ Name
- ◯ Ziel
- ◯ Anzahl der Mitspieler
- ◯ Alter
- ◯ Spielmaterial
- ◯ Vorbereitung
- ◯ Spielbeginn
- ◯ Spiel-Ende

1 Lies die folgenden Merkmale von Gedichten und trage mit der entsprechenden Nummer ein, um welches Gedicht es sich handelt.

1	Rondell		2	Elfchen		3	Haiku		4	Reimgedicht		5	Schneeballgedicht

Das Thema des Gedichts ist die Natur. ☐

Es gibt Zeilen, die sich am Ende reimen. ☐

Das Gedicht hat insgesamt 17 Silben. ☐

Das Gedicht beginnt mit einem einzigen Buchstaben. ☐

Das erste Wort des Gedichts ist eine Farbe. ☐

Das Gedicht besteht aus 11 Wörtern in 5 Zeilen. ☐

Das Gedicht hat 7 Zeilen und eine Überschrift. ☐

In jeder Zeile nimmt die Buchstabenmenge um einen Buchstaben zu. ☐

2 Schreibe das Rondell zum Thema „Sommerferien" weiter.

Sommerferien

1. Draußen ist es warm und sonnig.
2. _____
3. _____
4. _____
5. _____
6. _____
7. _____

Achte auf die Merkmale eines Rondells!

Bringe die Zeilen durch Nummerieren in die richtige Reihenfolge.

1	**Kennst du den Mauersegler?**
2	Mauersegler sind ganz bemerkenswerte Vögel, die mit
	auch gern alte Häuser für ihre Nistplätze. Durch Renovierungen
	Kilometer zurück. Natürlich wird auch die Nahrung im
	Sogar die Nächte verbringen sie in ca. 2000 Metern Höhe im Flug.
	Nester gern hoch oben in kleinen Felsnischen, nutzen aber
	ihren langen Flügeln besonders gut fliegen können.
	Flug gefangen. Mit weit geöffnetem Schnabel werden
	und Neubauten haben sie leider immer weniger Nistplätze.
	Mücken und Fliegen gefangen. Mauersegler bauen ihre
	Dadurch legen diese Vögel pro Jahr mindestens 200000

----

2 Knicke den oberen Teil nach hinten und kreuze an.

a) Mauersegler sind ganz besondere Vögel, weil sie

◯ in Felsnischen Nester bauen.   ◯ besonders gut fliegen können.

◯ Insekten fressen.   ◯ im Stehen schlafen.

b) Die Nächte verbringen die Mauersegler

◯ in alten Häusern und Türmen.   ◯ in Felsnischen.

◯ in Wäldern.   ◯ in der Luft.

c) Ihr Bestand ist gefährdet, weil

◯ sie wenige Jungtiere haben.   ◯ sie im Schlaf getötet werden.

◯ es immer weniger Nistplätze gibt.   ◯ sie nach Afrika auswandern.

1 Lies den Text und unterstreiche Informationen zu diesen drei Punkten
mit verschiedenen Farben: Verbreitung, Gefährdung durch Fliegen, Flügel.

Fliegen

Fliegen sind Insekten und gehören zu den Zweiflüglern.

Zweiflügler bilden eine der größeren Insektenordnungen

mit über 90 000 bekannten Arten und lassen sich grob in

Fliegen und Mücken unterteilen. Fliegen haben sich von Afrika aus über die ganze

Erde verbreitet und sind fast überall auf der Erde anzutreffen. Eines der wenigen

an Land lebenden Tiere der Antarktis ist zum Beispiel eine Mückenart.

Da sich Fliegen gern in Häusern aufhalten, wo sie z. B. von Nahrungsmittelresten

leben, werden sie auch „Stubenfliegen" genannt. In Wohnungen und Häusern

sind sie nicht sehr beliebt, weil sie gefährliche Krankheiten übertragen können.

Die Maden der Stubenfliege können sich z. B. gut in Küchenabfällen entwickeln,

daher sollte man besonders im Sommer darauf achten, Abfälle schnell zu

entsorgen. Das charakteristische Merkmal der Fliegen und Mücken ist das

einzige Flügelpaar, mit dem diese Insekten sehr gut fliegen können. Ihre Flügel

bewegen sich ca. 200 Mal in der Sekunde. Die Hinterflügel sind zu kleinen,

knopfartigen Schwingkölbchen verkümmert, die den Tieren helfen, ihren Körper

auszubalancieren.

Fliegen gelten häufig als ekelig, aber sie können auch nützlich sein. Sie tragen

beispielsweise zur Bestäubung von Blüten bei oder sie helfen dabei, dass Fauliges

und Verwesendes möglichst schnell beseitigt wird. Nicht zuletzt dienen Fliegen

zum Beispiel den Vögeln als wichtige Nahrungsquelle.

2 Du möchtest etwas über das Thema „Hirsche" wissen.
Schreibe drei Quellen auf, mit deren Hilfe du dich informieren könntest.

❶ Lies nur die fett gedruckten Wörter des folgenden Textes.

Sir Isaac Newton lebte von 1643 bis 1727 und war ein **englischer Naturwissen-schaftler.** Er entdeckte unter anderem das **Gesetz der Schwerkraft** und wurde deshalb bekannt und berühmt. Die Schwerkraft können wir nicht sehen, aber wir fühlen sie täglich. Denn sie ist eine **unsichtbare Kraft,** die auf der Erde alles **zum Boden zieht.** Ohne die Schwerkraft würden wir wie Astronauten im Welt-all einfach davonschweben. Die Legende erzählt, dass Newton anfing, über die Schwerkraft nachzudenken, als ihm einmal ein Apfel auf den Kopf fiel. Newton vermutete, dass **auch die Sonne Schwerkraft ausübt.** Dies würde auch erklären, warum die **Erde und weitere Planeten um die Sonne kreisen.** Eine der wesent-lichen Leistungen Newtons war es zu erkennen, dass diejenige Kraft, die die Planeten auf ihren Umlaufbahnen hält, dieselbe Kraft ist, die den Apfel auf seinen Kopf fallen ließ.

❷ Kreuze mit Hilfe der fett gedruckten Wörter an, welche Aussagen stimmen.

- ◯ Isaac Newton war Engländer.
- ◯ Er entdeckte das Gesetz der Sonne.
- ◯ Newton beschrieb das Gesetz der Schwerkraft.
- ◯ Die Schwerkraft ist eine unsichtbare Kraft.
- ◯ Die Schwerkraft zieht alles ins All.
- ◯ Die Planeten kreisen um die Erde.
- ◯ Auch die Sonne übt Schwerkraft aus.

Sir Isaac Newton

❸ Lies den Text nochmals und schreibe mit eigenen Worten auf, worin die wesentlichen Leistungen Newtons bestehen.

_____

_____

_____

1 Male, was zur Fabel passt, gelb an, was zur Sage passt, hellblau.

Es gibt oft am Ende eine Lehre (Moral). | Es gibt magische Gegenstände.

Tiere sprechen und handeln wie Menschen.

Menschen haben übernatürliche Kräfte. | Es sind kurze, lehrreiche Geschichten.

Erzählt von echten Orten und bestimmten Personen

Man soll daraus etwas lernen. | Es ist eine Geschichte mit einem wahren Kern.

2 Lies die Fabel und formuliere eine passende Lehre.

Der Fuchs und der Storch

Ein Fuchs hatte einen Storch zu Gast gebeten und setzte die leckersten
Speisen vor, aber nur auf ganz flachen Schüsseln, aus denen der Storch
mit seinem langen Schnabel nichts fressen konnte. Gierig fraß der Fuchs
alles allein, obgleich er den Storch unaufhörlich bat, es sich doch schmecken
zu lassen. Der Storch fand sich betrogen, blieb aber heiter, lobte außer-
ordentlich die Bewirtung und bat seinen Freund auf den anderen Tag zu Gast.
Der Fuchs mochte wohl ahnen, dass der Storch sich rächen wollte, und
wies die Einladung ab. Der Storch ließ aber nicht nach, ihn zu bitten, und
der Fuchs willigte endlich ein. Als er nun anderen Tages zum Storch kam,
fand er alle möglichen Leckerbissen aufgetischt, aber nur in langhalsigen
Geschirren. „Folge meinem Beispiel", rief ihm der Storch zu, „tu, als wenn du
zu Hause wärest." Und er schlürfte mit seinem Schnabel ebenfalls alles allein,
während der Fuchs zu seinem größten Ärger nur das Äußere der Geschirre
belecken konnte und nur das Riechen hatte. Hungrig stand er vom Tisch auf
und gestand zu, dass ihn der Storch für seinen Mutwillen hinlänglich
gestraft habe.

nach Aesop

Lehre: _____

_____

3 Schreibe mindestens drei Eigenschaften auf, die zum Storch passen.

_____

Trage die richtigen Begriffe ein.

| Regisseur Beschreibungen Seiten Effekten |
| Gedanken Stunden Musik Dialoge Leser |

Ein Buch erzählt eine Geschichte ausführlich auf vielen _____, mit

_____ der Orte, der Personen, ihrer Gedanken und Gefühle.

Der _____ kann sich Zeit lassen, sich eigene _____ machen

und sich viele Stunden mit einem Buch beschäftigen. Um aus einem Buch einen guten

Film zu machen, muss der _____ den Inhalt umgestalten. Er muss

vieles verändern und vor allem kürzen. Denn nun muss die ganze Geschichte in ein-

einhalb _____ erzählt werden. Dies gelingt mit Hilfe von Einzelszenen,

ausdrucksvollen Bildeinstellungen, _____ und speziellen _____,

zum Beispiel Stunts. Manche _____, die im Buch besonders schön

oder wichtig sind, müssen im Film weggelassen oder gekürzt werden.

Nenne drei Kinderbuchautoren mit mindestens einem ihrer Werke.

_____

_____

_____

Schreibe eine kurze Leserstimme zu deinem Lieblingsbuch.

_____

_____

_____

_____

_____

1 Überlege, zu welcher Textsorte die Aussagen passen. Schreibe den jeweiligen Buchstaben in das Kästchen: **G** = Gedicht, **H** = Hörspiel, **F** = Fotostory.

☐	Es wird eine Geschichte mit Tönen und Klängen erzählt.
☐	Ein Erzähler beschreibt die Handlung oder fasst sie zusammen.
☐	Oft gibt es auch Sprechblasen wie in einem Comic.
☐	Man kann diesen Text rhythmisch vortragen.
☐	Geräusche und Musik verdeutlichen die Handlungen.
☐	In einem Drehbuch wird der Ablauf der Handlung aufgeschrieben.
☐	Jeder Abschnitt der Geschichte wird mit Bildern erzählt.
☐	Der Text ist in Versen aufgeschrieben und enthält oft Reime.
☐	Der Text enthält Anweisungen, wie etwas zu sprechen ist.
☐	Die Körpersprache ist sehr wichtig, damit man auch die Gefühle der Figuren verstehen kann.

Sprechblasen sind bei mir auch sehr wichtig!

2 Schreibe auf, was eine Ballade ist.

_____

_____

_____

3 Schreibe mindestens drei Möglichkeiten auf, wie du einen Gedichtvortrag gestalten kannst.

_____

_____

_____

_____

Lies die beiden Gedichte und beantworte die Fragen dazu.

A   Lustiger Mond

Gestern Abend um halb achte
fiel der Mond in unsern Teich.
Doch was meint ihr, was er machte?
Er stand einfach auf und lachte,
so als wär's ihm schrecklich gleich.
Zwar war er ein wenig blasser,
aber das war nicht so wild,
denn da unten in dem Wasser
war ja nur sein Spiegelbild.

Gustav Sichelschmidt

B   Wiegenlied

Singet leise, leise, leise,
singt ein flüsternd Wiegenlied;
von dem Monde lernt die Weise,
der so still am Himmel zieht.

Singt ein Lied so süß gelinde,
wie die Quellen auf den Kieseln,
wie die Bienen um die Linde
summen, murmeln, flüstern, rieseln.

Clemens Brentano

Wie heißt die Überschrift?

A: _____   B: _____

Wie heißt der Autor?

A: _____   B: _____

Wie viele Strophen hat das Gedicht?

A: _____   B: _____

Wie viele Verse hat das Gedicht?

A: _____   B: _____

Klare Sache, oder?

2 Kreuze an, um welche Art von Reim es sich jeweils handelt.

A: ◯ Paarreim   ◯ Kreuzreim   ◯ gemischter Reim

B: ◯ Paarreim   ◯ Kreuzreim   ◯ gemischter Reim

3 Begründe stichwortartig, welches Gedicht vermutlich älter ist.

_____

_____

1 Liliane Susewind ist ein ganz besonderes Mädchen. Lies die Text-
stelle und finde heraus, welche Gabe sie unter anderem besitzt.

„Was ist denn?", fragte sie so unbeschwert wie möglich, folgte
seinem Blick und wandte sich noch einmal um – obwohl sie bereits
ahnte, was Jesahja dermaßen in den Bann schlug. Dann sah sie es
und ihre Befürchtungen bestätigten sich: In dem Busch hinter ihr
war gerade eine Blüte dabei, im Rekordtempo zu erblühen. […]
„Ich kann nichts dafür!", beteuerte Lilli. „Ich meine … ich mach das nicht
absichtlich!" „Mein Gott!", wiederholte Jesahja immer wieder und starrte
auf das frisch erblühte Blumenmeer. Dann fiel sein Blick wieder auf Lilli und
sein Staunen verwandelte sich in Entsetzen. […] „Bitte …", murmelte Lilli leise,
konnte aber nichts weiter tun als Jesahja dabei zusehen, wie er […]
durch die Büsche davonstob.

Tanya Stewner

2 Beschreibe mit eigenen Worten, was Liliane Susewind hier kann.

_____

_____

3 Beschreibe in einigen Sätzen, wie andere reagieren könnten,
wenn sie von Lillis Gabe erfahren.

_____

_____

_____

_____

4 Schreibe auf, welche besondere Gabe du gern hättest. Begründe.

_____

_____

_____

_____

_____

Stewner, Tanya: Aus: Liliane Susewind. Mit Elefanten spricht man nicht.
Fischer-Taschenbuch-Verlag, Frankfurt/M 2010. (Auszug, gekürzt)

1. Der Wer-Fall	2. Der Wessen-Fall	3. Der Wem-Fall	4. Der Wen-Fall
Ich gebe dem Mann ein Buch.			
Die Sonne schenkt uns Wärme und Licht.			
Lisa mag den Hund ihrer Freundin.			
Ich lade dich nächste Woche zum Geburtstag ein.			
Das neue Fahrrad des Kindes wurde gestohlen.			
Die Lehrerin liest uns eine Geschichte vor.			
Den Schnee mögen wir alle sehr.			
Wir danken dem Hausmeister für seine Mühe.			
Die Freundin meines Bruders will uns besuchen.			

-ung	-heit	-keit	-nis
freundlich	wagen	schön	lösen
rechnen	fröhlich	gesund	geheim
wahr	übel	hindern	besprechen
krank	kennen	heiter	frei
erleben	gemein	finster	geschickt
beobachten	beraten	bilden	verstehen
entfernen	klug	faul	messen
erfinden	erzeugen	bestrafen	begraben
sauber	erklären	begrenzen	bezahlen
wild	nett	mitteilen	überlegen

Grundform	zählen	planen	ich gebe
1. Person Einzahl	geben	sie geben	sie zählen
2. Person Einzahl	ihr plant	ihr zählt	sie planen
3. Person Einzahl	du gibst	du zählst	du planst
1. Person Mehrzahl	er, sie, es gibt	ich plane	ich zähle
2. Person Mehrzahl	er, sie, es plant	wir planen	wir geben
3. Person Mehrzahl	ihr gebt	er, sie, es zählt	wir zählen

an	auf	aus	ein
ab	**ver**	**vor**	**nach**
geben	ziehen	legen	stellen
schicken	gehen	schneiden	reden
bauen	tragen	laden	fahren
kaufen	suchen	kleiden	setzen
rufen	malen	kleben	rechnen
zeichnen	sprechen	lassen	bringen
weisen	schreiben	schicken	senden
lesen	singen	reiben	kochen
schmecken	heften	denken	liefern

Wir werden	neue Computer	erfinden.
Du wirst	in der Stadt	studieren.
Ich werde	in einem schönen Haus	wohnen.
Er wird	eine lange Reise	machen.
Sie wird	viele Freunde	besuchen.
Ihr werdet	oft an die Schulzeit	denken.
Sie werden	neue Sprachen	lernen.
Es wird	mehr Roboter	geben.

geben	es dient	ich lernte
wir schätzten	dienen	es gab
tragen	schätzen	er erfand
bauen	es gibt	er trägt
er trug	es diente	ich lerne
wir schätzen	er erfindet	wir fuhren
erfinden	er baut	stoßen
er baute	sie stößt	wir fahren
sie stieß	fahren	lernen

START	nagel neu	eis kalt	windel
weich	aal glatt	raben schwarz	hunde
müde	zitronen gelb	schnee weiß	reh
braun	riesen groß	pfeil schnell	stock
finster	staub trocken	stein reich	butter
weich	gras grün	himmel blau	wiesel
flink	bienen fleißig	bären stark	haus
hoch	pudel wohl	tomaten rot	ENDE

LKV 4/1 ①

Grundstufe	1. Vergleichsstufe	2. Vergleichsstufe
am wildesten	schnell	komischer
schneller	komisch	mutig
mutiger	wilder	am komischsten
wild	gern	am mutigsten
lieber	am schnellsten	schlau
schlauer	am liebsten	am schlausten

LKV 4/2 ①

Die Wortartenproben kennen

Nomenprobe	Verbenprobe	Adjektivprobe

Ich kann die Grundform des Wortes bilden: *sie lagen – liegen.*

Ich kann ein Nomen hinter das Wort setzen: *der riesige Hund.*

Ich kann Personalformen bilden: *ich liege, er liegt …*

Ich kann einen Artikel vor das Wort setzen: ***der** Rucksack oder **ein** Rucksack.*

Ich kann ein passendes Adjektiv vor das Wort setzen: *ein **schwerer** Rucksack.*

Ich kann zu dem Wort Vergleichsstufen bilden: *riesig – riesiger – am riesigsten.*

Ich kann die Mehrzahl bilden: *die Rucksäcke.*

Ich kann an das Wort -chen oder -lein hängen: *das Rucksäck**chen**.*

Ich prüfe, ob es sich um ein Wort für ein Lebewesen, ein Gefühl, ein Ding oder etwas Abstraktes handelt: *ein Rucksack = Ding.*

Ich kann verschiedene Zeitformen bilden: *er liegt, er lag …*

Mit Adjektiven vergleichen (2)

Grundstufe	1. Vergleichs-stufe	2. Vergleichs-stufe
gut	lustig	kräftig
besser	kräftiger	am fröhlichsten
am kräftigsten	witzig	am lustigsten
am meisten	witziger	fröhlicher
am witzigsten	fröhlich	viel
am besten	lustiger	mehr

⋆ ⋆ ⋆

Das Seepferdchen

Es sieht aus wie ein Fabelwesen, ein erfundenes Tier.

Als wenn jemand zu zeichnen begonnen und sich

dabei gedacht hätte: Ach, heute male ich mal ein

Unterwasserpferd. Ein Unterwasserpferd mit Stacheln

anstelle einer Mähne. Mit einer Rückenflosse anstelle

von Beinen. Mit einem geringelten Greifschwanz,

rollenden Augen und einem zierlichen Hals. Aber da

war niemand, der zeichnete. So etwas Verrücktes wie

ein Seepferd kann man sich nämlich nicht ausdenken.

Wirkliche Dinge sind oft seltsamer als ausgedachte

Dinge.

Ein Seepferdchen ist ein Fisch. Ein Fisch, der nicht gut

schwimmen kann. Darum hält es sich mit dem Schwanz

an einem Büschel Seegras fest. So kann die Strömung

es nicht forttragen. Es sieht aus wie ein Luftballon,

wie es da an seinem Schwanz im Wasser hin und her

schwingt.

Bibi Dumon Tak

⋆ ⋆ ⋆

Ich esse immer zwei Pausenbrote,	**damit**	ich schlafen gehe.
Ich putze meine Zähne,	**obwohl**	sie krank ist.
Ich schreibe meiner Oma einen Brief,	**während**	du in eine andere Stadt ziehst.
Ich gehe früh ins Bett,	**dass**	ich eine Eins in Mathe bekomme.
Ich träume vom Urlaub,	**weil**	die Pause dann zum Spielen viel zu kurz ist.
Ich freue mich,	**als**	ich im Urlaubskatalog blättere.
Ich bin traurig,	**bevor**	ich in der Schule nicht müde bin.

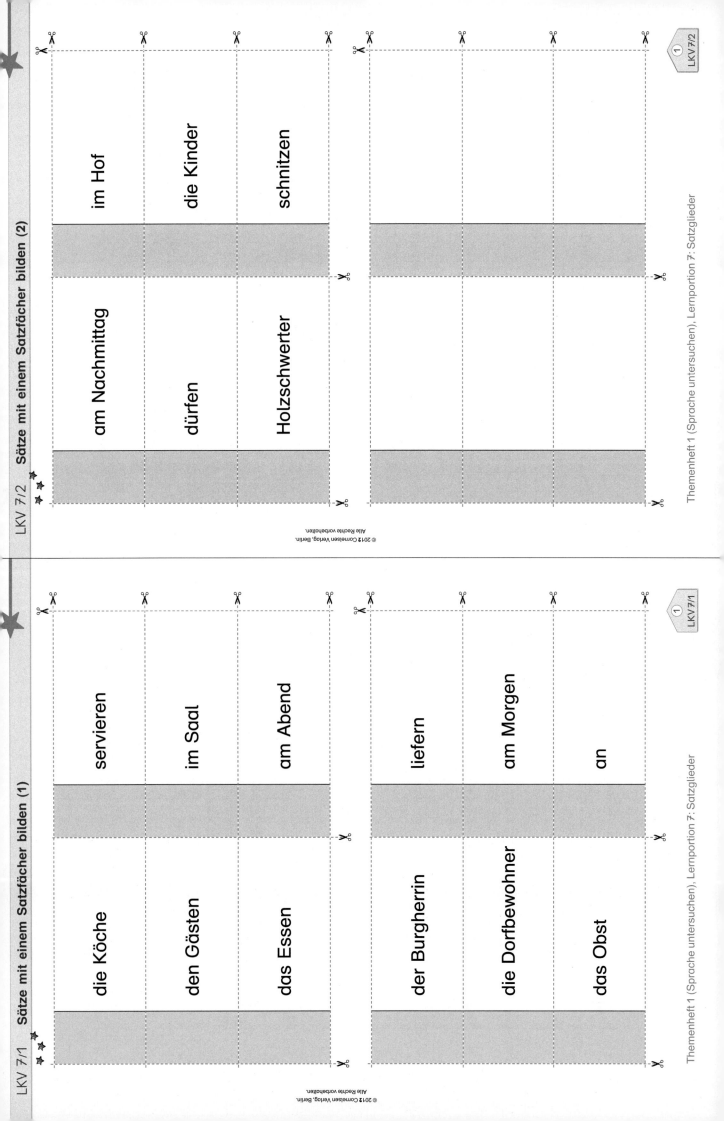

Sätze mit einem Satzfächer bilden (2)

im Hof

die Kinder

schnitzen

am Nachmittag

dürfen

Holzschwerter

Themenheft 1 (Sprache untersuchen), Lernportion 7: Satzglieder

---

Sätze mit einem Satzfächer bilden (1)

servieren

im Saal

am Abend

die Köche

den Gästen

das Essen

liefern

am Morgen

an

der Burgherrin

die Dorfbewohner

das Obst

Themenheft 1 (Sprache untersuchen), Lernportion 7: Satzglieder

a	b	c

d	e	f

1 Lisa hat den Faden verloren.

2 Lisa fällt mit der Tür ins Haus.

3 Lisa stellt das ganze Haus auf den Kopf.

4 Lisa schneidet Tim das Wort ab.

5 Für Lisa hängt der Himmel voller Geigen.

6 Lisa bindet ihrer Schwester einen Bären auf.

Mir kommt die Galle hoch.

Ich bin wütend.

Mir ist schlecht.

Ich habe den richtigen Riecher.

Meine Nase ist genau richtig groß.

Ich habe eine Vorahnung.

Ich wickle dich um den kleinen Finger.

Ich besiege dich.

Ich beeinflusse dich.

Ich gehe mit dem Kopf durch die Wand.

Ich bin unvorsichtig und stoße mich.

Ich setze mich unnachgiebig durch.

Ich trage mein Herz auf der Zunge.

Ich spreche aus, was ich empfinde.

Ich habe starkes Herzklopfen.

Ananas	Kirsche	Pflaume	Chemie
Banane	Chaos	Melone	Spange
Clown	verlieben	Schuh	vergeben
Sohle	Computer	verlosen	unten
Schnabel	übermorgen	verlieren	Cent
verstehen	Sand	üblich	Stapel
versorgen	über	Chance	übel

Themenheft 2 (Richtig schreiben), Lernportion 1: Im Wörterbuch nachschlagen

---

mit dem linken Bein zuerst aufstehen	den Boden unter den Füßen verlieren
ein Auge zudrücken	etwas an den Haaren herbeiziehen
sich zwischen zwei Stühle setzen	sich etwas hinter die Ohren schreiben
den Teufel an die Wand malen	jemanden an der Nase herumführen
kleine Brötchen backen müssen	jemanden auf den Arm nehmen
jemanden Löcher in den Bauch fragen	jemandem das Herz brechen

Themenheft 1 (Sprache untersuchen), Lernportion 8: Redensarten

★★★ Einen Text verbessern

Richtig? FEHLER?

Liebe Mia!

Stell dir vor, was hier gestern los war. Eigendlich dachten wir,

dass bei uns an Sylvester wie immer wegen der Tiere keine

Raketen abgeschossen würden. Deshalb standen wir um zwölf

auch ganz gemühtlich auf der Terasse und haben auf das neue

Jahr angestoßen. Da gab es plötzlich einen wahnsinnigen Knall.

Pedro bekam wohl fast einen Herzinfakt, denn er rannte mit

voller Wucht gegen das Tor, so dass das Schanier aufbrach

und er im Galopp über die Felder flüchtete. Das war vielleicht

eine Hecktik, die erwachsenen verfolgten Pedro, wärend wir

Kinder versuchten, die anderen Pferde zu behruigen. Dabei

sollen Tine und Berry am Sonntag am Neujahrstunier teilnehmen.

Hoffentlich klappt das jetzt überhaupt. Ich habe mich nämlich

so darauf gefreut und gehofft, die Konkurrens hinter mir zu

lassen und eine Medallje oder sogar einen Pokal zu holen.

Drück mir bitte die Daumen!

Ich wünsche dir ein gutes neues Jahr,

deine Lotte

★★★ Silben in die richtige Reihenfolge bringen

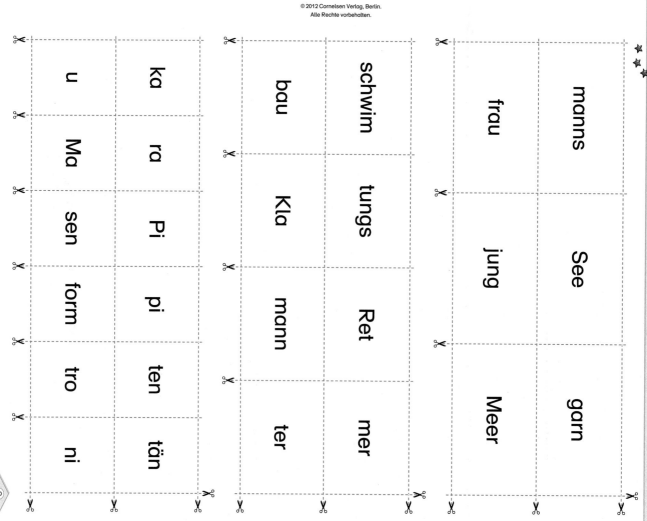

manns	See	garn			
frau	jung	Meer			
schwim	tungs	Ret	mer		
bau	Kla	mann	ter		
ka	ra	Pi	pi	ten	tän
u	Ma	sen	form	tro	ni

1 Zweisilbige und mehrsilbige Wörter trenne ich

immer zusammen.

2 Achtung! Beim Trennen von Wörtern darf

meist wie beim Silbensprechen.

3 Einsilbige Wörter

das gesamte Wort nicht mehr in die Zeile passt.

4 Beim Trennen von ck-Wörtern bleibt das ck

zwischen t und z.

5 Wörter mit tz trenne ich

kann ich nicht trennen.

6 Ich trenne Wörter am Ende einer Zeile, wenn

ein Buchstabe aber nie alleine stehen!

Themenheft 2 (Richtig schreiben), Lernportion 2: Mit Silben arbeiten

Triangel

Rassel

Xylophon

Zimbeln

Bratsche

Glockenspiel

Becken

Klanghölzer

Holzblocktrommel

Tuba

Schellenring

Gong

Themenheft 2 (Richtig schreiben), Lernportion 2: Mit Silben arbeiten

Röhre	Möhre
erwähnen	gähnen
Fähre	Ähre
fühlen	kühlen
Zähne	Mähne
Gefühle	Mühle
gewöhnen	versöhnen
dröhnen	stöhnen

y wie ü	y wie i	Y/y wie j
Yeti	Party	Pyramide
Bayern	Mayonnaise	Yoga
Hobby	Baby	Dynamo
Pony	Yak	Pyjama
Xylophon	Teddy	Hydrant
Zylinder	Handy	Yacht
Gymnastik	City	Himalaya

| Schwimmflügel |
| Puppenbett |
| Haselnussschokolade |
| Kuhstall |
| Vollkornbrötchen |
| Tollpatsch |
| Stehtisch |
| Nudelsieb |

Themenheft 2 (Richtig schreiben), Lernportion 4: Ableiten und verlängern

LKV 13/1

---

erkälten	mächtig	der Schädling	wärmen
das Jahr	die Zahl	die Angst	zählen
schaden	das Rätsel	kalt	älter
die Fährte	warm	volljährig	lachen
der Glanz	die Macht	das Gelächter	wachsen
das Gewächs	zähmen	glänzen	zahm
alt	raten	ängstlich	fahren

Themenheft 2 (Richtig schreiben), Lernportion 4: Ableiten und verlängern

LKV 13/2

Satzanfang	Nomen
Verb	Adjektiv
Restwort	klein
klein	klein
groß	groß

der	Vereinigten
das	Pazifische
der	Nahe
der	Vereinten
die	Schwarze
die	Große
	Meer
	Staaten
	Wagen
	Ozean
	Osten
	Nationen

kurzer, betonter Selbstlaut		langer Selbstlaut	
Gras	Hase	Schaf	Vase
Ast	Gas	Mehl	Schnecke
Weg	Steg	geben	Rebe
Tiger	Igel	immer	Liebe
Sieb	Moos	Bohne	Soße
loben	Wolle	Ross	oben
Schuhe	Fuß	Tube	Ufer
Ufo	lustig	Schmutz	Ruhe

tz nach kurzem Selbstlaut	z nach langem Selbstlaut	z nach Zwielaut	z direkt nach Mitlauten (l, n ,r)
Pel★	rei★end	schmu★ig	das Her★
der Wei★zen	pe★en	pu★ig	die Schnau★e
der Kran★	fli★en	das Gewür★	die Ka★e
die Hei★ung	si★en	die Wal★e	die Kapu★e
kur★	der Pil★	die Bre★el	pel★ig

Wörter mit s		Wörter mit ß	
Ho★e	Blumenva★e	Kai★er	drau★en
abschlie★en	Hufei★en	Le★ebuch	Klö★e
Seifenbla★en	flei★ig	★onne	Grü★e
Wie★e	Fü★e	Be★en	Stra★e
Flo★	gro★	hei★en	drei★ig
le★en	genie★en	rei★en	lei★e
Mei★e	bei★en	aufspie★en	rie★ig

Kennst du Wickie?

Das [ ] kleine Dorf zwischen den Hügeln heißt Flake.

Das [ ] Schiff des Schrecklichen Sven, [ ] das [ ] man

am schwarzen Segel erkennt, wurde schon lange nicht mehr

in der kleinen Bucht von Flake gesichtet. Alle empfinden

[ ] das als großes Glück. Wie lange [ ] das [ ] Glück

wohl anhält? [ ] Das bräuchte die Wikinger nicht zu sorgen,

denn [ ] das ist klar: Mit Wickies Einfällen ist [ ] das

Problem „Schrecklicher Sven" schnell gelöst.

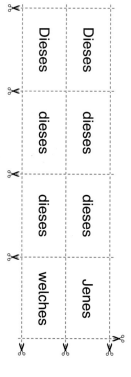

Dieses	dieses	Jenes
Dieses	dieses	dieses
Dieses	dieses	welches

Achtung! FEHLER

Achtung! Fehlertext!

Im oktober schallt lautes Gebrül durch die Wälder.

Das sind die Männlichen Hische. Sie wollen damit

die Weipchen beeindruken. Außerdem soll das

geschrei die anderen Hirschmenner vertreiben.

Achtung! Fehlertext!

Bei unserem Waltspaziergang treffen wird heufig

den Föster. Er nimt sich immer viel zeit. Gerne

beantwortet er unser Fragen oder gipt uns Tipps.

heute want er uns vor dem sturm. Dabei können

Morsche Äste abrechen und herunterfallen.

A B C D
E F G H
I J K L
M N O P
Q R S T
U V W Z

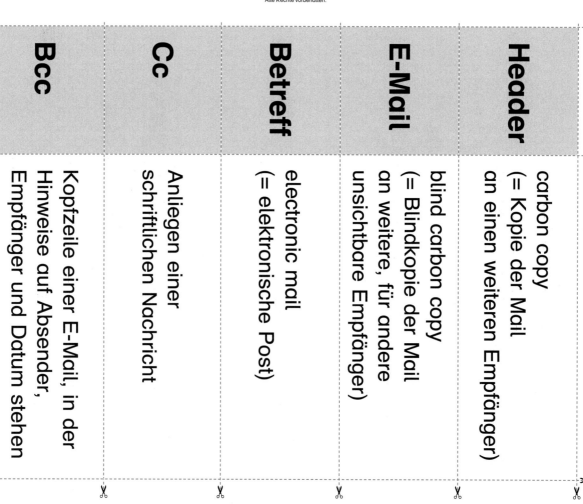

Header	carbon copy (= Kopie der Mail an einen weiteren Empfänger)
E-Mail	blind carbon copy (= Blindkopie der Mail an weitere, für andere unsichtbare Empfänger)
Betreff	electronic mail (= elektronische Post)
Cc	Anliegen einer schriftlichen Nachricht
Bcc	Kopfzeile einer E-Mail, in der Hinweise auf Absender, Empfänger und Datum stehen

Wie jedes Jahr feierten wir auch in diesem Sommer ein Sommerfest im Garten. Der Grillmeister war mein Onkel Peter. Er legte die Würstchen und das Fleisch auf den Grill. Auf einmal klingelte sein Handy. Onkel Peter nahm den Anruf an und lief in Richtung des Hauses, um ungestört zu telefonieren. Keiner merkte, dass der Grill unbewacht war. Auf diese Gelegenheit hatte unser Hund Schnuffel nur gewartet. Der Frechdachs klaute alle Würstchen vom Grill. Als meine Mutter das sah, rannte sie kreischend und mit den Armen rudernd herbei. Aber sie kam zu spät.

Grillfest ohne Würstchen

Wie Schnuffel alle Steaks klaute

Der Grill, die Würstchen und der Hund

Das nervige Handy

Das große Fest

Eine Überraschung im Sommer

Das ist im Garten einmal passiert

③ LKV 19/2

Höfliche Anredepronomen	Persönliche Anredepronomen
ihr	dein
Ihres	Sie
Ihrem	Ihre
Ihrer	euch
Ihnen	deine
dir	Ihren
deines	euer
du	dich

③ LKV 19/1

Angst	Freude	beides
einen Kloß im Hals haben	Schmetterlinge im Bauch fühlen	
grinsen wie ein Honigkuchenpferd	schaudern	
Hände und Knie zittern.	himmelhoch jauchzend	
Das Herz rutscht in die Hose.	Die Stimme versagt.	
feuchte Hände haben	Herzklopfen haben	
eine Gänsehaut bekommen	fröhlich quietschen	

alt	uralt	abgenutzt	gebraucht
groß	gigantisch	riesig	grandios
klein	winzig	zwergenhaft	minimal
gemustert	kariert	liniert	gepunktet
dünn	zierlich	untergewichtig	mager
intelligent	klug	schlau	clever
böse	gemein	ekelig	fies

START	springt	sprang	denkt
dachte	piept	piepte	kommt
kam	wirft	warf	ist
war	packt	packte	hält
hielt	fangen	fingen	beginnt
begann	vergisst	vergaß	huscht
huschte	spürt	spürte	reißen
rissen	kann	konnte	gibt
gab	laufen	liefen	**ENDE**

③ LKV 21/2

Themenheft 3 (Texte schreiben), Lernportion 5: Inhalte zusammenfassen

---

Wann verloren?	Was?
Wer?	Marke?
Material?	Wo?
Wo abgeben?	Form?
Größe?	Farbe?
Besonderheiten?	_____?.

③ LKV 21/1

Themenheft 3 (Texte schreiben), Lernportion 4: Gegenstände genau beschreiben

---

Überschrift

Einleitung

Hauptteil

Höhepunkt

Schluss

Dieser Teil macht neugierig, er verrät aber nicht zu viel.

Wer spielt mit?

Wann spielt die Geschichte?

Wo spielt die Geschichte?

Hier wird ausführlich erzählt, **was** passiert.

Die **spannendste Stelle** im Hauptteil wird so genannt.

Die Spannung lässt nach.

Hier steht knapp, wie die Geschichte **endet**.
Dieser Teil rundet die Geschichte ab.

Aufbau einer Spielanleitung

Spielname	Spielmaterial
Anzahl	Spieler
Ziel des Spiels	Alter
Vorbereitung	Regeln
Ende	Beginn

Themenheft 3 (Texte schreiben), Lernportion 7: Handlungen beschreiben

Auf einer Wolke unterwegs

Die Reise auf den Mond

Die Schule meiner Träume

Mein Haustier, der Dinosaurier

Wenn ich zaubern könnte

Die Hexe in unserem Klassenzimmer

Hilfe, ich bin ein Hund!

Die Reise mit der Zeitmaschine

Themenheft 3 (Texte schreiben), Lernportion 6: Fantasiegeschichten schreiben

Mensch ärgere dich nicht!

ab 5 Jahren

Wer die höchste Zahl würfelt, beginnt. Jeder Spieler darf 3-mal würfeln. Wer eine Sechs hat, darf die erste Figur auf das Startfeld stellen.

Jeder Spieler erhält 4 Figuren einer Farbe.

Das Spiel endet, wenn ein Spieler alle seine Spielfiguren in die Zielfelder gebracht hat.

ein Spielbrett
16 Spielfiguren
ein Würfel

2–4 Spieler

Es geht darum, die eigenen vier Figuren als Erster ins Zielfeld zu bringen.

Kommt man mit einer Figur auf ein Feld, auf dem bereits eine Figur steht, kann man diese hinauswerfen.

Hinausgeworfene Figuren müssen wieder an den Anfang zurück.

Schneeballgedicht

Wichtig ist in diesem Gedicht die wachsende Anzahl der Buchstaben pro Zeile.
1. Zeile: 1 Buchstabe
2. Zeile: 2 Buchstaben
3. Zeile: 3 Buchstaben ...

Haiku

Ein Gedicht mit insgesamt 17 Silben.
Wichtig ist die Anzahl der Silben pro Zeile.
1. Zeile: 5 Silben
2. Zeile: 7 Silben
3. Zeile: 5 Silben

Reimgedicht

Die Verse reimen sich nach einem Schema.
Beispiel: a a b b
          a b a b

Elfchen

Ein Gedicht aus elf Wörtern.
1. Zeile: 1 Wort
2. Zeile: 2 Wörter
3. Zeile: 3 Wörter
4. Zeile: 4 Wörter
5. Zeile: 1 Wort

Rondell

Ein Gedicht mit acht Zeilen ohne Reime, aber mit regelmäßig wiederkehrenden Versen.

Themenheft 3 (Texte schreiben), Lernportion 8: Gedichte schreiben

---

Themenheft 3 (Texte schreiben), Lernportion 7: Handlungen beschreiben

Oma hat sie mir geschenkt.

Immer donnerstags habe ich Unterricht.

Mein Lieblingslied ist „Das rote Pferd".

Laut kann ich spielen und schnell.

Gitarre spielen

Ich mag meine Gitarre.

Ich mag meine Gitarre.

Ich mag meine Gitarre.

Ich mag meine Gitarre.

Körperbau

Garderobe

Gebiss

Schmuck (Accessoires)

Hände/Finger

Kopfbeckung

Gesicht

Tasche

④

T   **Die Zeit, in der die Dinosaurier die Erde beherrschten, wird**

I   Jahren riesige Echsen mit langen Hälsen in Sümpfen und

R   Erdmittelalter genannt. Hier lebten vor etwa 200 Millionen

C   Wäldern. Diese Landlebewesen, zu denen auch der gigantische

R   ernährten sich von Farnblättern, Sumpfpflanzen oder den Ästen

E   Brontosaurus zählt, waren friedliche Pflanzenfresser. Sie

T   kleine Saurier, aber auch große Räuber mit messerscharfen

A   hoher Nadelbäume. Unter den Fleischfressern gab es flinke

P   zogen Flugsaurier ihre Bahnen und hielten nach Meerestieren

O   Zähnen und spitzen Krallen, wie den Allosaurus. Am Himmel

S   oder kleineren Echsen Ausschau.

④

Das ist ein Luftschiff

Das erste Luftschiff

Einsatzbereiche von Luftschiffen

Das große Unglück

- Was ist ein Luftschiff?
- Wie funktioniert es?
- Wann wurde das erste Luftschiff gebaut?
- Wie schnell war es?
- Wann passierte es?
- Was passierte danach mit der Luftschifffahrt?
- Wozu werden Luftschiffe heute verwendet?

- Wie ist es gebaut?
- Warum sagt man zu Luftschiffen auch Zeppelin?
- Wer hat es gebaut?
- Wie war der erste Flug?
- Wie hieß das Luftschiff?
- Wozu wurden Luftschiffe früher verwendet?

Ein Informationsplakat gestalten

- wichtige Wörter
- erst legen und ausprobieren,
- gerade
- kurze Texte mit passenden Bildern
- große, gut lesbare
- Bilder, Zeichnungen
- passende Überschriften
- ein Lineal
- auch Aufzählungen

- Schrift
- farbig hervorheben
- mit Stichwörtern oder Cluster verwenden
- dann aufkleben und schreiben
- für alle Linien benutzen
- ausschneiden
- und Fotos beschriften
- übersichtlich und gerade anordnen
- für die Texte wählen

So kann ich einen Überblick über unbekannte Texte bekommen

Ich lese die Überschrift des Textes.

Dort stehen erste Informationen über den Textinhalt.

Danach schaue ich mir auch die Bilder an.

Sie veranschaulichen den Text.

Dann lese ich die Zwischenüberschriften.

Sie geben mir Informationen über den Inhalt des folgenden Absatzes.

Nun überfliege ich die Absätze.

Sie enthalten das, was inhaltlich zusammengehört.

Themenheft 4 (Lesen), Lernportion 3: Textinhalte verstehen

④ LKV 29/2

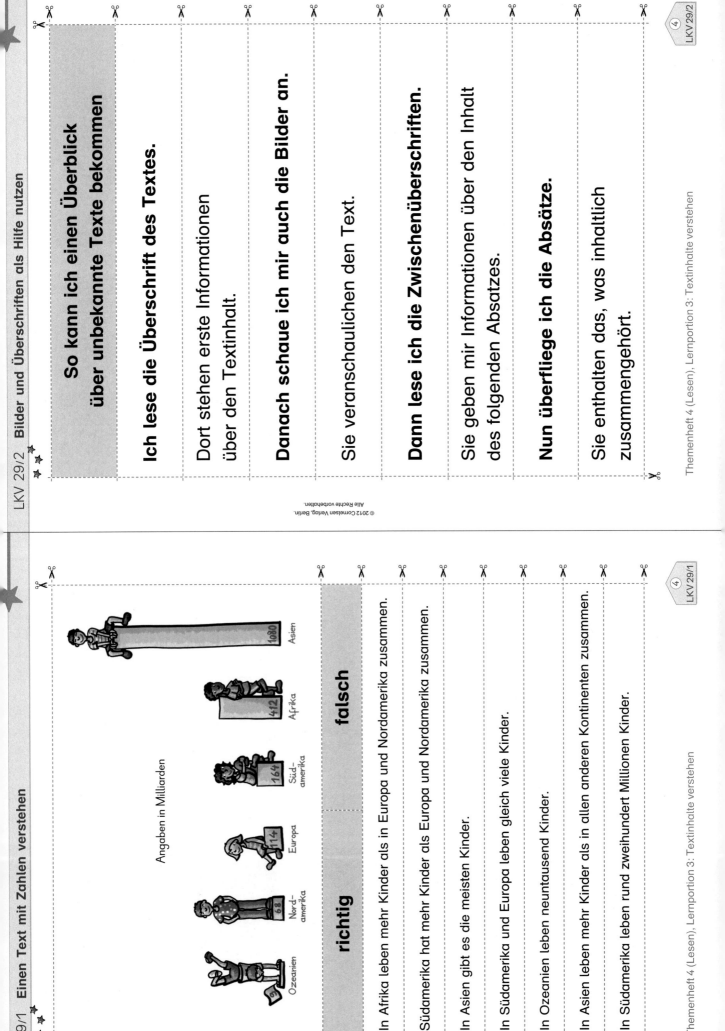

Angaben in Milliarden

Ozeanien 9 · Nord-amerika 68 · Europa 114 · Süd-amerika 164 · Afrika 412 · Asien 1080

richtig

falsch

In Afrika leben mehr Kinder als in Europa und Nordamerika zusammen.

Südamerika hat mehr Kinder als Europa und Nordamerika zusammen.

In Asien gibt es die meisten Kinder.

In Südamerika und Europa leben gleich viele Kinder.

In Ozeanien leben neuntausend Kinder.

In Asien leben mehr Kinder als in allen anderen Kontinenten zusammen.

In Südamerika leben rund zweihundert Millionen Kinder.

Themenheft 4 (Lesen), Lernportion 3: Textinhalte verstehen

④ LKV 29/1

Eros schleuderte
einen Liebespfeil auf
den Gott Zeus.

Der Stier
verwandelte sich
wieder in den
Gott Zeus zurück.

Der Stier legte
sich nieder und ließ
sich streicheln.

Der Stier lief
mit Europa davon.

Zeus nahm
die Gestalt einer
Wolke an und
schwebte zur Erde.

Löwe	Fuchs
Rabe	Hase

schlau — töricht

gierig — listig

einfallsreich — mächtig

vorsichtig — schüchtern

gesprächig — königlich

dumm — majestätisch

stark — scheu

schnell — ängstlich

Buch	Film
Die Handlung wird in kurzer Zeit dargestellt.	Immer wieder ist eine Unterbrechung möglich.
Man kann sich wenig eigene Vorstellungen von der Handlung und den Figuren machen.	Personen können genau beschrieben werden.
Man kann sich viele eigene Gedanken dazu machen.	Es gibt meist Dialoge.
Es gibt besondere Effekte (Bild und Ton).	Die Gedanken der Personen können beschrieben werden.
Orte können genau beschrieben werden.	Musik spielt auch eine wichtige Rolle.
Es ist aufwändig und teuer, fantastische Dinge darzustellen.	Man kann sich beim Verfolgen der Geschichte viel Zeit lassen.

④ LKV 31/1

Themenheft 4 (Lesen), Lernportion 5: Bücher und Autoren kennen lernen

---

Name

Lebensdaten

Geburtsort

Ausbildung

sonstiger Beruf

wichtige Bücher

besondere Kennzeichen des Autors

Auszeichnungen für seine Werke

④ LKV 31/2

Themenheft 4 (Lesen), Lernportion 5: Bücher und Autoren kennen lernen

Ich schreibe zuerst **die wichtigsten Informationen** auf (Titel, Autor, Inhalt, Hauptpersonen, ...).

Ich wähle **eine besonders lustige, spannende oder wichtige Stelle** aus, die ich meinen Mitschülern vorlese.

Ich beginne meinen Vortrag mit den **wichtigsten Informationen** und erzähle dann, warum ich dieses Buch vorstellen möchte.

Ich sage anschließend, **worum es in dem Buch geht,** und stelle die **Hauptpersonen** vor.

Ich **lese** etwas aus meinem Lieblingsbuch vor. Ich sage vorher, **warum ich diese Stelle ausgesucht habe.**

Ich beantworte zum Schluss **Fragen meiner Mitschüler.**

④ LKV 32/1

Schritte langsam oder schnell auf einer Straße — Regen

Schritte auf Kies — Hagel

gedämpfte, schleichende Schritte — klappernde Hufe

Türenquietschen, -öffnen — knisterndes Feuer

Türenknallen — Pistolenschüsse

Wasserhahn, laufend oder tropfend — Kirchturmuhr / Gong

④ LKV 32/2

Ein Satz, den man so schreibt, ist kein Gedicht.

Ein Satz,
den man so schreibt,
wird ein Gedicht.

Ein Satz,
den man
so
schreibt, ist ein Gedicht –
so ein Gedicht.

Wenzel Wolff

Aus: Texte und Fragen Band 3.
Diesterweg, Frankfurt/M. 1977.

Die Lehrerin geht an der ganzen Schlange vorbei.

Ole ist nun der Letzte und ärgert sich.

Ole steht abseits und spielt Jo-Jo.

Die Lehrerin zählt die Schüler.

Ole drängelt sich an den ersten Platz.

Die Schüler warten vor dem Schwimmbad.

Die Lehrerin schaut Ole streng an.

Die Lehrerin stellt sich an das andere Ende der Schlange und führt die Klasse ins Schwimmbad.

Die Schüler drehen sich um.

Und	dann	denke
ich	an	die beiden
Astronauten	und	denke
daran,	dass	die Spuren,
die sie	mit ihren	großen Stiefeln
hinterlassen	haben,	noch immer
da	sind,	heute Nacht,
morgen Nacht,	jede	Nacht.

Richtig	Falsch
dem anderen ins Wort fallen	eine andere Meinung schlechtmachen
andere Meinungen zulassen	nachfragen, wenn man etwas nicht richtig verstanden hat
über eine andere Meinung lachen	sich nicht melden, sondern warten, bis der andere ausgesprochen hat
sich wegdrehen, wenn jemand spricht	beim Thema bleiben
sachlich bleiben	sofort sprechen, wenn einem etwas einfällt
beleidigt sein und sich nicht weiter an der Diskussion beteiligen	niemanden beleidigen
Schimpfwörter benutzen	nicht laut werden
das Thema wechseln	einfach weggehen

Liebe Lehrerinnen und Lehrer,

die bundesweiten Vergleichsarbeiten (VERA) zur Lernstandserhebung sind in der Grundschule mittlerweile zu einem festen Bestandteil geworden. Sie werden jährlich gegen Ende der dritten Klasse durchgeführt und sollen das Erreichen der Bildungsstandards überprüfen sowie Hinweise zur Verbesserung der Lernleistungen und für die Weiterentwicklung des Unterrichts geben. Dazu gehört auch die Verbesserung der Diagnosegenauigkeit.

Sich über einen längeren Zeitraum auf Aufgaben zu konzentrieren, ist für viele Schülerinnen und Schüler ungewohnt und anstrengend. Das gilt auch für die Erfahrung, unter Zeitdruck zahlreiche, zum Teil noch unbekannte Aufgabenformate ohne Hilfsmittel bearbeiten zu müssen.

Mit den vorliegenden Lernstandserhebungen möchten wir Ihre Schülerinnen und Schüler und Sie selbst unterstützen:

- Den Schülerinnen und Schülern sollen die Lernstandserhebungen helfen, sich mit sorgfältig ausgewählten Aufgaben, wie sie auch in den Vergleichsarbeiten verwendet werden, **auf Testsituationen vorzubereiten**. Möglicherweise vorhandene Ängste können so abgebaut und es kann Sicherheit gegenüber zukünftigen Testsituationen gewonnen werden.
- Bei Ihrer **täglichen förderdiagnostischen Arbeit** sollen die Lernstandserhebungen Sie unterstützen und dabei helfen, aktuelle Lernstände und vorhandene Kompetenzen Ihrer Schülerinnen und Schüler in den verschiedenen inhaltlichen Bereichen einzuschätzen und den individuellen förderdiagnostischen Bedarf zu ermitteln.

Die Aufgaben sind an den KMK Bildungsstandards sowie den Lehr- und Bildungsplänen der Bundesländer orientiert und fokussieren die dort beschriebenen Lernziele und zu erreichenden Kompetenzen.

Im **Auswertungsbogen** werden neben den **Aufgabenlösungen** das jeweilige **Niveau** der Aufgabe sowie die jeweils fokussierten **Fähigkeiten, Fertigkeiten und Kenntnisse** beschrieben, die zur Aufgabenbewältigung im Wesentlichen benötigt werden.

In Anlehnung an die drei in den KMK Bildungsstandards angeführten Anforderungsbereiche „Wiedergeben", „Zusammenhänge herstellen" sowie „Reflektieren und beurteilen" (vgl. Bildungsstandards im Fach Deutsch für den Primarbereich, Beschluss vom 15. 10. 2004, S. 17) und die VERA-Fähigkeitsniveaus 1–3 (vgl. VERA, Hinweise zur Weiterarbeit, Erläuterungen zu den Deutschaufgaben 2009, S. 2) sind den Aufgaben der vorliegenden Lernstandserhebungen drei Niveaustufen zugeordnet, die entsprechend *grundlegende*, *erweiterte* und *fortgeschrittene* Fähigkeiten erfordern.

Niveau 1: „Wiedergeben" → erfordert grundlegende Fähigkeiten

Das Lösen der Aufgabe erfordert die Wiedergabe bekannter Informationen und die Anwendung grundlegender Verfahren und Routinen.

Niveau 2: „Zusammenhänge herstellen" → erfordert erweiterte Fähigkeiten

Das Lösen der Aufgabe erfordert das Erkennen von Zusammenhängen, das Verknüpfen von Informationen sowie das Anwenden erworbenen Wissens und bekannter Methoden.

Niveau 3: „Verallgemeinern, reflektieren und beurteilen" → erfordert fortgeschrittene Fähigkeiten

Das Lösen der Aufgabe erfordert den Umgang auch mit neuen Sachverhalten und das Entwickeln eigenständiger Beurteilungs- und Lösungsansätze.

Der Auswertungsbogen der Lernstandserhebungen bietet darüber hinaus Platz für Ihre **Beobachtungen und Notizen** zur Einschätzung des jeweiligen Lernstandes des Kindes im Rahmen Ihrer förderdiagnostischen Arbeit.

Den Schülerinnen und Schülern ermöglicht ein einfaches Smiley-System auf den Testseiten die **Selbsteinschätzung** und schafft so eine Basis zur Reflexion des eigenen Lernstandes. Gemeinsam mit dem Kind können anschließend die Ergebnisse aus der Selbsteinschätzung und Ihre Einschätzungen aus dem Auswertungsbogen in einem förderdiagnostischen Gespräch zu einem Gesamtbild zusammengefügt und Lernziele sowie nächste Lernschritte vereinbart werden. Dabei kann es im Sinne einer dialogisch orientierten Förderdiagnostik sehr aufschlussreich sein, nach Lösungswegen und Erklärungen bei falsch gelösten Aufgaben zu fragen, um Einblicke in die Denkwege Ihrer Schülerinnen und Schüler bei der Lösung einer Aufgabe zu bekommen.

Die Lernstandsseiten erheben nicht den Anspruch, eine kontinuierliche Beobachtung und Dokumentation des Lernverlaufs sowie förderdiagnostische Maßnahmen zu ersetzen. Sie können aber einen wichtigen Beitrag zu Ihrer alltäglichen förderdiagnostischen Arbeit leisten.

Ihr Cornelsen Verlag

Erarbeitet von:	Rüdiger-Philipp Rackwitz
Redaktion:	Birgit Waberski
Illustrationen:	Gabriele Heinisch
Technische Umsetzung:	Ines Kalwert, Berlin

Liebe Schülerin, lieber Schüler,

mit diesen Aufgaben kannst du herausfinden, was du schon gut kannst und was du noch üben solltest.

Bearbeite die Aufgabenblätter so:

1. Schreibe deinen Namen und das Datum oben auf jedes Blatt.
2. Lies dir die Aufgabe in Ruhe durch.
3. Bearbeite die Aufgabe.
4. Wenn du bei einer Aufgabe nicht weiterkommst,
   mache bei der nächsten weiter und versuche es später noch einmal.
   Du kannst auch jemanden um Hilfe fragen.
5. Wenn du eine Aufgabe bearbeitet hast, kreuze an,
   wie leicht oder wie schwierig du sie findest:

   Diese Aufgabe
   ☺ kann ich gut lösen
   😐 kann ich nur zum Teil lösen
   ☹ kann ich gar nicht lösen

Es gibt verschiedene Aufgabenarten:

Bei manchen Aufgaben sollst du die richtige Antwort ankreuzen.

Beispiel: Was hängt in der Schule? Kreuze an.

☐ Waffel   ☒ Tafel   ☐ Tante

Meistens ist nur eine Antwort richtig. Wenn mehrere Antworten richtig sind, steht in der Aufgabe „Kreuze **alle** richtigen Antworten an".

Bei manchen Aufgaben sollst du etwas in einem Text **unterstreichen** oder ein falsches Wort **durchstreichen**.

Beispiele: Wort   ~~Wort~~

Bei manchen Aufgaben sollst du die Antwort **aufschreiben**.
Bei Aufgaben mit einer kurzen Schreiblinie reicht es, ein oder zwei Wörter aufzuschreiben. Bei längeren Linien solltest du einen oder mehrere Sätze schreiben.

Viel Spaß und viel Erfolg!

Die etwas anderen Olympischen Spiele

Die ersten sportlichen Wettkämpfe für Menschen mit Behinderung wurden 1948 in Aylesbury in England ausgetragen. Sie begannen am selben Tag wie die Olympischen Sommerspiele in London, um die Spiele für Menschen mit und ohne Behinderung miteinander zu verbinden.

5 1960 starteten im Anschluss an die Olympischen Sommerspiele in Italien die ersten „Weltspiele der Gelähmten".

1976 wurden in Schweden zum ersten Mal im Anschluss an die Olympischen Winterspiele auch Wettkämpfe für Sportlerinnen und Sportler mit einer Behinderung durchgeführt.

10 Heute finden nach jeder Olympiade am selben Ort die „Paralympics" statt. So heißen die Olympischen Spiele für Sportler mit einer körperlichen Behinderung seit den Olympischen Sommerspielen in Südkorea 1988.

Bei den Paralympischen Sommerspielen gibt es zahlreiche herkömmliche Sportarten wie Leichtathletik, Radsport, Reiten, Fußball oder
15 Schwimmen, aber auch spezielle Disziplinen wie Sitzvolleyball, Rollstuhlbasketball, Rollstuhlfechten und Rollstuhltennis.

Bei den Paralympischen Winterspielen stehen Skiabfahrt, Langlauf, Schlitten-Eishockey, Rollstuhlcurling und Biathlon auf dem Programm.

Damit die sportlichen Wettkämpfe fair sind, gibt es verschiedene
20 Gruppen, in die Sportler mit ähnlichen Behinderungen eingeteilt werden. Bei der Wintersportart Biathlon zum Beispiel gibt es drei Gruppen: stehend, sitzend und sehbehindert.

Biathlon ist eine Kombination aus Skilanglauf und Gewehrschießen.
Blinde oder sehbehinderte Sportlerinnen und Sportler werden dabei
25 von einem sehenden Skiläufer begleitet, der ihnen ständig zuruft,
wo sie entlang fahren müssen.

Beim Zielschießen erhalten die sehbehinderten Sportler Tonsignale
über einen Kopfhörer. Je genauer sie auf den Mittelpunkt der Zielscheibe
zielen, umso höher ist der Ton.

30 Eine bekannte deutsche Biathletin ist Verena Bentele. Obwohl sie
von Geburt an blind ist, fuhr sie schon als Kind wie ihr großer Bruder
Fahrrad. Manchmal gab das Beulen, jedoch nie ernsthafte Verletzungen.

Als sie allerdings einmal ihren Begleiter beim Biathlon nicht richtig
verstanden hatte, fuhr sie in die falsche Richtung und stürzte schwer.
35 Das hielt sie aber nicht davon ab, weiterzumachen. Als Biathletin hat sie
zahlreiche Medaillen bei Paralympischen Winterspielen und auch bei
Weltmeisterschaften gewonnen.

2006 fand die erste Fußball-Weltmeisterschaft der Menschen mit
einer Lernbehinderung oder geistigen Behinderung im Anschluss
40 an die Fußball-Weltmeisterschaft in Deutschland statt.

Egal an welchen Spielen die Sportlerinnen und Sportler teilnehmen,
für alle gilt das Gleiche:
Man muss nicht unbedingt gewinnen – dabei sein ist alles!

Wie ist mein Ergebnis?

☺ ☺ ☹

1 Wann und an welchem Ort fanden die Ereignisse statt?
Lies im Text nach und ergänze die Jahreszahl und den Ort.

Jahr   **Ort**

erste Fußball-Weltmeisterschaft
der Menschen mit Behinderung

der Name Paralympics wird zum
ersten Mal offiziell verwendet

erste Olympische Winterspiele
für Menschen mit Behinderung

erste „Weltspiele der Gelähmten"

erste sportliche Wettkämpfe
für Menschen mit Behinderung

2 Warum begannen die ersten sportlichen Wettkämpfe für Menschen
mit Behinderung am selben Tag wie die Olympischen Sommerspiele?
Schreibe einen ganzen Satz auf.

☺ ☺ ☹

_____

_____

_____

_____

_____

☺ kann ich gut lösen   ☺ kann ich nur zum Teil lösen   ☹ kann ich gar nicht lösen

Name: Datum:

3 Welche Sportarten gibt es bei den Paralympischen Sommerspielen
und den Paralympischen Winterspielen?
Schreibe jeweils 5 in die Tabelle.

Paralympische Sommerspiele	Paralympische Winterspiele

4 Wie viele Gruppen gibt es beim paralympischen Biathlon?
Kreuze an.

☐ 3   ☐ 7   ☐ 12   ☐ steht nicht im Text

☺ ☺ ☹

5 Aus welchen beiden Sportarten setzt sich die Wintersportart Biathlon
zusammen? Schreibe einen ganzen Satz auf.

☺ ☺ ☹

_____

_____

_____

_____

_____

☺ kann ich gut lösen   ☺ kann ich nur zum Teil lösen   ☹ kann ich gar nicht lösen

Wie ist mein Ergebnis?

6 Welche Hilfen haben sehbehinderte Menschen beim Biathlon? Kreuze **alle** richtigen Antworten an.

☐ einen Blindenhund   ☐ besonders große Zielscheiben

☐ einen speziellen Schlitten   ☐ Tonsignale über Kopfhörer

☐ einen sehenden Begleiter

☺ ☐ ☹

7 Stimmen die Aussagen über Verena Bentele? Kreuze an.

Sie ist eine erfolgreiche Sportlerin.

☐ stimmt   ☐ stimmt nicht

Sie fährt immer ohne Begleiter Ski.

☐ stimmt   ☐ stimmt nicht

Sie hat sich schon als Kind viel zugetraut, obwohl sie blind ist.

☐ stimmt   ☐ stimmt nicht

☺ ☐ ☹

8 Was denkst du: Ist es wichtiger, dabei zu sein, oder ist es wichtiger, zu gewinnen? Schreibe deine Meinung auf.

_____

_____

_____

_____

_____

_____

Gut gemacht! Jetzt hast du alles geschafft!

☺ kann ich gut lösen   ☐ kann ich nur zum Teil lösen   ☹ kann ich gar nicht lösen

Wetterkarte für Freitag, den 17. 05.

☀	sonnig
⛅	gering bewölkt
☁	wolkig
☁	bedeckt
🌧	Regenschauer
🌧	leichter Regen
🌧	starker Regen
⛈	Gewitter
🌨	Schnee

Ort	Höchsttemperaturen		☀ Sonne		🌙 Mond	
	nachts	tagsüber	Aufgang	Untergang	Aufgang	Untergang
Kiel	16 °C	20 °C	04:12	20:21	06:40	--
Berlin	19 °C	22 °C	05:08	20:59	07:38	00:07
Hannover	18 °C	21 °C	05:23	21:13	07:54	00:21
Magdeburg	18 °C	21 °C	05:17	20:58	07:49	00:04
Düsseldorf	18 °C	21 °C	05:40	21:18	08:15	00:24
Wiesbaden	16 °C	19 °C	05:37	21:08	08:12	00:12
Stuttgart	15 °C	18 °C	05:39	21:00	08:16	00:03
München	15 °C	18 °C	05:32	20:49	08:09	--

Wie ist mein Ergebnis?

Wettervorhersage für Freitag, den 17.05.

Am Morgen und tagsüber ist es im Norden überwiegend sonnig
mit geringer Bewölkung. In der Mitte Deutschlands fällt ab und zu
leichter Regen, im Süden gibt es bereits starke Regenfälle.
Am späten Nachmittag zieht der Regen aus dem Süden
5 langsam nordwärts und erreicht nachts die Küste.

Es weht mäßiger, im Bergland stürmischer Wind von Südwest
nach Nordost. Die Temperaturen liegen tagsüber zwischen 18 °C
und 22 °C. Nachts sinken sie bis auf 15 °C.

Am Wochenende regnet es in ganz Deutschland.
10 Die Temperaturen sinken tagsüber auf unter 18 °C.
In den Bergen und an der Küste sind Sturmböen möglich.
Erst am Wochenanfang kommt im äußersten Südwesten
langsam wieder die Sonne heraus.

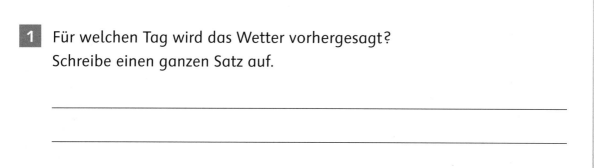

1 Für welchen Tag wird das Wetter vorhergesagt?
Schreibe einen ganzen Satz auf.

_____

_____

_____

2 Was bedeuten diese Zeichen? Schreibe auf.

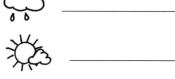 _____

_____

 _____

Name: Datum:

Wie ist mein Ergebnis?

3   Wie soll das Wetter tagsüber in München werden?
Kreuze an.

☐ gering bewölkt, 21°C

☐ wolkig, 20°C

☐ starker Regen, 18°C

4   Wie soll das Wetter in Schwerin werden?   ☺ ☐ ☹
Schreibe einen ganzen Satz auf.

_____

_____

_____

5   Lena aus Hannover überlegt, ob sie am Freitagabend   ☺ ☐ ☹
eine Gartenparty veranstalten soll.
Was rätst du ihr? Begründe deinen Ratschlag.

_____

_____

_____

_____

_____

6   Aus welcher Richtung weht der Wind?   ☺ ☐ ☹
Zeichne einen Pfeil in die Windrose.

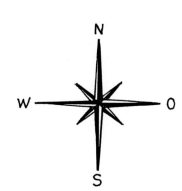

☺ kann ich gut lösen   ☐ kann ich nur zum Teil lösen   ☹ kann ich gar nicht lösen

Wie ist mein Ergebnis?

7 Wie warm soll es tagsüber in Wiesbaden werden?
Kreuze an.

☐ 16°C   ☐ 18°C   ☐ 19°C   ☐ 20°C

8 In welcher Gegend soll es tagsüber am wärmsten werden?
Schreibe einen ganzen Satz auf.

_____

_____

_____

9 Wo geht die Sonne zuerst auf? Kreuze immer die richtige Stadt an.

☐ Kiel   oder   ☐ Stuttgart

☐ Magdeburg   oder   ☐ Hannover

☐ Wiesbaden   oder   ☐ Düsseldorf

10 Marvin wohnt in Norddeutschland und möchte
am Sonntagnachmittag einen Spaziergang machen.
Soll er einen Schirm mitnehmen?
Begründe deine Antwort. Schreibe ganze Sätze.

_____

_____

_____

_____

_____

Gut gemacht! Jetzt hast du alles geschafft!

☺ kann ich gut lösen   😐 kann ich nur zum Teil lösen   ☹ kann ich gar nicht lösen

Auswertungsbogen Lernstandserhebungen Deutsch Lesen, Klasse 4

Name: _____   Klasse: _____

Lernstandserhebung 1: *Sachtext verstehen*

durchgeführt am _____

Aufgabe	Niveau	Fähigkeiten, Fertigkeiten und Kenntnisse	Lösungen	Beobachtungen und Notizen
1	1, 2	• gezielt Informationen suchen, entnehmen und verknüpfen	2006 – Deutschland 1988 – Südkorea 1976 – Schweden 1948 – Aylesbury, England 1960 – Italien	
2	2	• gezielt Informationen suchen, entnehmen • Zusammenhänge erfassen • zu einem Schreibanlass schreiben • Informationen als Erklärung wiedergeben	*Die ersten sportlichen Wettkämpfe für Menschen mit Behinderung begannen am selben Tag wie die Olympischen Sommerspiele, um die Spiele für Menschen mit und ohne Behinderung miteinander zu verbinden.*	
3	1	• gezielt Informationen suchen und entnehmen	*Paralympische Sommerspiele, Auswahl aus:* Leichtathletik, Radsport, Reiten, Fußball, Schwimmen, Sitzvolleyball, Rollstuhlbasketball, Rollstuhlfechten, Rollstuhltennis *Paralympische Winterspiele:* Skiabfahrt, Langlauf, Schlitten-Eishockey, Rollstuhlcurling, Biathlon	
4	1	• gezielt Informationen suchen und entnehmen	3	

Niveaustufen: 1 = „Wiedergeben" → erfordert grundlegende Fähigkeiten   2 = „Zusammenhänge herstellen" → erfordert erweiterte Fähigkeiten   3 = „Verallgemeinern, reflektieren und beurteilen" → erfordert fortgeschrittene Fähigkeiten

Auswertungsbogen Lernstandserhebungen Deutsch Lesen, Klasse 4

Name: _____ Klasse: _____

durchgeführt am _____

Lernstandserhebung 1: *Sachtext verstehen*

Aufgabe	Niveau	Fähigkeiten, Fertigkeiten und Kenntnisse	Lösungen	Beobachtungen und Notizen
5	1	• gezielt Informationen suchen und entnehmen • zu einem Schreibanlass schreiben	*Biathlon ist eine Kombination aus Skilanglauf und Gewehrschießen.*	
6	1, 2	• gezielt Informationen suchen • Zusammenhänge erschließen	einen sehenden Begleiter Tonsignale über Kopfhörer	
7	2, 3	• gezielt Informationen suchen • Zusammenhänge erschließen • Text reflektieren	Sie ist eine erfolgreiche Sportlerin. → stimmt Sie führt immer ohne Begleiter Ski. → stimmt nicht Sie hat sich schon als Kind viel zugetraut, obwohl sie blind ist. → stimmt	
8	3	• Text reflektieren • zu einem Schreibanlass schreiben • verständlich, strukturiert, adressaten- und funktionsgerecht schreiben		

Niveaustufen: **1** = „Wiedergeben" → erfordert grundlegende Fähigkeiten **2** = „Zusammenhänge herstellen" → erfordert erweiterte Fähigkeiten **3** = „Verallgemeinern, reflektieren und beurteilen" → erfordert fortgeschrittene Fähigkeiten

Auswertungsbogen Lernstandserhebungen Deutsch Lesen, Klasse 4

Name: _____ Klasse: _____

durchgeführt am _____

Lernstandserhebung 2: *nicht kontinuierlichen Sachtext verstehen*

Aufgabe	Niveau	Fähigkeiten, Fertigkeiten und Kenntnisse	Lösungen	Beobachtungen und Notizen
1	1	• gezielt Informationen suchen und entnehmen • Informationen als Erklärung wiedergeben	*Das Wetter wird für Freitag, den 17.05. vorhergesagt.*	
2	1	• gezielt Informationen suchen und entnehmen	leichter Regen gering bewölkt Gewitter	
3	1, 2	• gezielt Informationen suchen, entnehmen, verknüpfen	starker Regen, 18°C	
4	2, 3	• gezielt Informationen suchen, entnehmen, verknüpfen • Zusammenhänge erschließen	*In Schwerin soll es sonnig werden, die Temperatur soll 21 °C betragen.*	
5	3	• gezielt Informationen suchen, entnehmen, verknüpfen, bewerten • Zusammenhänge erschließen • zu einem Schreibanlass schreiben • verständlich, strukturiert, adressaten- und funktionsgerecht schreiben	*Am Nachmittag zieht der Regen aus dem Süden in den Norden. Deswegen sollte Lena ihre Party lieber nicht am Freitagabend machen.*	

Niveaustufen: 1 = „Wiedergeben" → erfordert grundlegende Fähigkeiten 2 = „Zusammenhänge herstellen" → erfordert erweiterte Fähigkeiten 3 = „Verallgemeinern, reflektieren und beurteilen" → erfordert fortgeschrittene Fähigkeiten

Auswertungsbogen Lernstandserhebungen Deutsch   Lesen, Klasse 4

Name: _____   Klasse: _____

durchgeführt am _____

Lernstandserhebung 2: *nicht kontinuierlichen Sachtext verstehen*

Aufgabe	Niveau	Fähigkeiten, Fertigkeiten und Kenntnisse	Lösungen	Beobachtungen und Notizen
6	2	• gezielt Informationen suchen, entnehmen, verknüpfen • Zusammenhänge erschließen		
7	1, 2	• gezielt Informationen suchen, entnehmen, bewerten	19 °C	
8	2, 3	• gezielt Informationen suchen, entnehmen, bewerten • Zusammenhänge aus Text erschließen	*Am wärmsten soll es tagsüber in Berlin werden.*	
9	2, 3	• gezielt Informationen suchen, entnehmen, verknüpfen, bewerten	Kiel Magdeburg Wiesbaden	
10	3	• gezielt Informationen suchen, entnehmen, verknüpfen, bewerten • Zusammenhänge erschließen • zu einem Schreibanlass schreiben • verständlich, strukturiert, adressaten- und funktionsgerecht schreiben	*Marvin sollte auf jeden Fall einen Schirm mitnehmen, denn es soll am Wochenende auch in Norddeutschland regnen.*	

Niveaustufen: **1** = „Wiedergeben" → erfordert grundlegende Fähigkeiten   **2** = „Zusammenhänge herstellen" → erfordert erweiterte Fähigkeiten   **3** = „Verallgemeinern, reflektieren und beurteilen" → erfordert fortgeschrittene Fähigkeiten

Liebe Schülerin, lieber Schüler,

mit diesen Aufgaben kannst du herausfinden, was du schon gut kannst
und was du noch üben solltest.

Bearbeite die Aufgabenblätter so:
1. Schreibe deinen Namen und das Datum oben auf jedes Blatt.
2. Lies dir die Aufgabe in Ruhe durch.
3. Bearbeite die Aufgabe.
4. Wenn du bei einer Aufgabe nicht weiterkommst,
   mache bei der nächsten weiter und versuche es später noch einmal.
   Du kannst auch jemanden um Hilfe fragen.
5. Wenn du eine Aufgabe bearbeitet hast, kreuze an,
   wie leicht oder wie schwierig du sie findest:

   Diese Aufgabe
   ☺ kann ich gut lösen
   😐 kann ich nur zum Teil lösen
   ☹ kann ich gar nicht lösen

Es gibt verschiedene Aufgabenarten:
Bei manchen Aufgaben sollst du die richtige Antwort ankreuzen.
Beispiel: Was hängt in der Schule? Kreuze an.

☐ Waffel   ☒ Tafel   ☐ Tante

Meistens ist nur eine Antwort richtig. Wenn mehrere Antworten richtig sind,
steht in der Aufgabe „Kreuze **alle** richtigen Antworten an".

Bei manchen Aufgaben sollst du etwas in einem Text **unterstreichen**
oder ein falsches Wort **durchstreichen**.

Beispiele: Wort   ~~Wort~~

Bei manchen Aufgaben sollst du die Antwort **aufschreiben**.
Bei Aufgaben mit einer kurzen Schreiblinie reicht es, ein oder zwei Wörter
aufzuschreiben. Bei längeren Linien solltest du einen oder mehrere Sätze
schreiben.

Viel Spaß und viel Erfolg!

Name: Datum:

Wie ist mein Ergebnis?

☺ ☺ ☹

1 Ordne die Wörter nach dem Alphabet und schreibe sie in der richtigen Reihenfolge auf.

laufen	abfahren	lesen	abstellen	telefonieren
drucken	schreiben	schreien	zielen	bauen

_____

_____

_____

_____

2 Schreibe die Sätze in der Zukunftsform auf.

☺ ☺ ☹

Jarno und Luca gehen ins Kino.

_____

_____

Luca kauft Popcorn.

_____

_____

Sie schauen sich einen Film an.

_____

_____

☺ kann ich gut lösen   ☺ kann ich nur zum Teil lösen   ☹ kann ich gar nicht lösen

Name: Datum:

3 Bilde jeweils zwei Verben mit den Vorsilben.
Ergänze die Tabelle.

☺ ☺ ☹

Vorsilbe	Verben
ver-	verstecken,
vor-	
ent-	
be-	
an-	
aus-	
zer-	

4 Bilde zu jedem Nomen/Substantiv ein Adjektiv mit der Endung **-los**.
Ergänze die Sätze.

☺ ☺ ☹

der Fehler   Der Text ist _____ .

das Problem   Tim löst die Aufgabe _____ .

die Mühe   Reyhan balanciert _____ .

die Kosten   Der Eintritt ist _____ .

die Wolke   Der Himmel ist _____ .

das Fenster   Der Raum ist _____ .

Wie ist mein
Ergebnis?

☺ ☺ ☹

5 In welchen Sätzen sind die Satzglieder richtig eingeteilt?
Kreuze **alle** richtigen Sätze an.

☐ Oma Gerlinde | schickt Christin | einen | Brief.

☐ Der Postbote | wirft | den Brief | in den Briefkasten.

☐ Christin | liest | den Brief von ihrer | Oma.

☐ Malte | schickt | seiner Oma | ein Paket.

6 Schreibe die Sätze aus Aufgabe 5 ab.
Ersetze dabei jedes Subjekt durch das passende Personalpronomen.

☺ ☺ ☹

_____

_____

_____

_____

_____

_____

_____

_____

7 Unterstreiche in deinen Sätzen das Subjekt blau und das Prädikat rot.

☺ ☺ ☹

Gut gemacht! Jetzt hast du alles geschafft!

☺ kann ich gut lösen   ☺ kann ich nur zum Teil lösen   ☹ kann ich gar nicht lösen

Name: Datum:

Wie ist mein Ergebnis?

1   **äu** oder **eu**? Schreibe in die Lücken.   ☺ ☺ ☹

die B _äu_ erin   die Fr_____nde   der B_____tel

die Z_____ne   die B_____le   die Schl_____che

die B_____me   das F_____er   die M_____se

die Sch_____ne   das Werkz_____g   der K_____fer

l_____ten   h_____fig   fr_____ndlich

tr_____men   h_____te   n_____lich

2   Schreibe zu den neun Wörtern mit **äu** verwandte Wörter auf.   ☺ ☺ ☹

die Bäuerin, der Bauer, _____

_____

_____

_____

_____

_____

_____

☺ kann ich gut lösen   ☺ kann ich nur zum Teil lösen   ☹ kann ich gar nicht lösen

Name: Datum:

Wie ist mein
Ergebnis?

3 Welche Wörter gehören zum Wortfeld **gehen**? Kreuze an.

☐ spazieren   ☐ kochen   ☐ laufen   ☐ suchen

☐ trotten   ☐ eilen   ☐ lesen   ☐ leben

☐ wachsen   ☐ spielen   ☐ hasten   ☐ marschieren

☐ trödeln   ☐ hetzen   ☐ rennen   ☐ schlendern

4 Bilde zu jedem Verb ein Adjektiv mit der Endung **-bar**.

reizen   _____

brennen   _____

drehen   _____

tragen   _____

essen   _____

verwerten   _____

5 **b** oder **p**? **d** oder **t**? **g** oder **k**? Schreibe in die Lücken.

der Honi____topf   der Ber____gipfel   das Lan____haus

der Wal____weg   die Stau____wolke   der Rau____vogel

die Lan____karte   der Flu____platz   der Die____stahl

☺ kann ich gut lösen   😐 kann ich nur zum Teil lösen   ☹ kann ich gar nicht lösen

Wie ist mein Ergebnis?

6 Unterstreiche die sechs falsch geschriebenen Wörter.

Christin und Luca haben bei einem Preisausschreiben mitgemacht.

Der erste preis sind zwei Kinokarten, dazu Kostenloses Popcorn und

zwei Getränke gratis. Eines Tages liekt ein Brief für sie im Briefkasten.

aufgeregt öffnen sie ihn und lesen, dass sie gewohnen haben!

Sofort rufen sie Jarno an und erzählen ihm davon.

Diesmal soll er mit Christin ins kino gehen.

7 Schreibe die falschen Wörter aus Aufgabe 6 richtig auf.
Begründe, warum man sie so schreibt.

richtige Schreibung   Begründung

_____   _____

                               _____

_____   _____

                               _____

_____   _____

                               _____

_____   _____

                               _____

_____   _____

                               _____

Gut gemacht! Jetzt hast du alles geschafft!

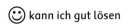 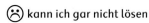

Wie ist mein Ergebnis?

1 Unterstreiche das gleiche Satzglied in allen Sätzen. ☺ ☺ ☹

Elli <u>geht</u> zu ihrer Freundin Maike.

Maike wohnt in der Parallelstraße.

Sie hat einen Hund.

Wie heißt das unterstrichene Satzglied? _____

2 Unterstreiche das gleiche Satzglied in allen Sätzen. ☺ ☺ ☹

<u>Der Hund</u> heißt Theo.

Elli und Maike gehen mit Theo spazieren.

Auf dem Weg treffen sie Mustafa.

Wie heißt das unterstrichene Satzglied? _____

3 Unterstreiche das gleiche Satzglied in allen Sätzen. ☺ ☺ ☹

Mustafa begrüßt <u>Elli und Maike</u>.

Dann streichelt er Theo.

Am Kiosk trinken sie eine Limonade.

Wie heißt das unterstrichene Satzglied? _____

☺ kann ich gut lösen   ☺ kann ich nur zum Teil lösen   ☹ kann ich gar nicht lösen

Name: Datum:

4 Ordne die Wörter nach Wortarten.
Schreibe sie mit allen Silbentrennstrichen auf.

kräftig,	Wandertag,	spazieren,	Wetter,	regnerisch,
Katze,	komisch,	hungrig,	schreiben,	kochen,
Kiste,	lesen,	Traubensaft,	trinken,	teuer

Nomen/Substantive: _____

_____

Verben: _____

_____

Adjektive: _____

_____

5 Bilde Nomen/Substantive mit dem Wortbaustein **-nis**.
Schreibe sie in der Einzahl und Mehrzahl auf.

geheim	erleben	gefangen	hindern

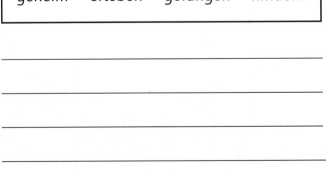

_____

_____

_____

_____

_____

_____

6 Schreibe die Sätze mit nachgestelltem Begleitsatz auf.
Achte auf <u>alle</u> Satzzeichen und auf die Großschreibung
und die Kleinschreibung.

Jonas sagt überrascht: „Hallo Lina!
Schön, dich zu sehen! Wie geht es dir?"

_____

_____

Lina antwortet: „Gut! Und wie geht es dir?"

_____

_____

Luca ruft freudig: „Hurra! Wir haben gewonnen!"

_____

_____

Christin sagt ganz aufgeregt: „Ich rufe sofort Jarno an!
Das müssen wir ihm erzählen!"

_____

_____

Gut gemacht! Jetzt hast du alles geschafft!

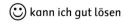 kann ich gut lösen   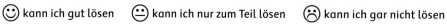 kann ich nur zum Teil lösen   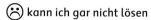 kann ich gar nicht lösen

Auswertungsbogen Lernstandserhebungen Deutsch   Sprache, Klasse 4

Name: _____   Klasse: _____

durchgeführt am _____

Lernstandserhebung 1

Aufgabe	Niveau	Fähigkeiten, Fertigkeiten und Kenntnisse	Lösungen	Beobachtungen und Notizen
1	1	• Kenntnis des Alphabets • Wörter nach dem Alphabet sortieren • Sortierregeln kennen und anwenden	abfahren, abstellen, bauen, drucken, laufen, lesen, schreiben, schreien, telefonieren, zielen	
2	2	• Zeitformen kennen • Zukunftsform Futur I bilden	Jarno und Luca werden ins Kino gehen. Luca wird Popcorn kaufen. Sie werden sich einen Film anschauen.	
3	2	• Wortbildungsprozesse kennen (Vorsilbe + Verb)	*verstellen, verlieren, verlaufen …* *vorstellen, vorziehen, vorlegen, vorfahren …* *entdecken, entsorgen, entscheiden, entstehen …* *benutzen, besorgen, behalten, bestimmen …* *anhalten, anziehen, anmachen, anschließen …* *ausziehen, ausmachen, ausschalten, ausgehen …* *zerbrechen, zerstechen, zerdrücken, zerreißen …*	
4	2, 3	• Prinzip der Wortfamilie und des Wortstammes kennen • Wortbildungsprozesse kennen • aus Nomen/Substantiven Adjektive mit der Endung -los bilden • Zusammenhänge erschließen	fehlerlos problemlos mühelos kostenlos wolkenlos fensterlos	
5	2, 3	• Satzglieder erkennen	Der Postbote wirft den Brief in den Briefkasten. Malte schickt seiner Oma ein Paket.	
6	2	• Nach dem Subjekt fragen • Subjekt bestimmen • Personalpronomen kennen und dem Subjekt entsprechend einsetzen	Sie schickt Christin einen Brief. Er wirft den Brief in den Briefkasten. Sie liest den Brief von ihrer Oma. Er schickt seiner Oma ein Paket.	

Niveaustufen: **1** = „Wiedergeben" → erfordert grundlegende Fähigkeiten   **2** = „Zusammenhänge herstellen" → erfordert erweiterte Fähigkeiten   **3** = „Verallgemeinern, reflektieren und beurteilen" → erfordert fortgeschrittene Fähigkeiten

Auswertungsbogen Lernstandserhebungen Deutsch   Sprache, Klasse 4

Name: _____   Klasse: _____

Lernstandserhebung 1

durchgeführt am _____

Aufgabe	Niveau	Fähigkeiten, Fertigkeiten und Kenntnisse	Lösungen	Beobachtungen und Notizen
7	1, 2	• Nach dem Subjekt fragen • Subjekt bestimmen • Nach dem Prädikat fragen • Prädikat bestimmen	<u>Sie</u> (Subjekt) <u>schickt</u> (Prädikat) Christin einen Brief. <u>Er</u> (S) <u>wirft</u> (P) den Brief in den Briefkasten. <u>Sie</u> (S) <u>liest</u> (P) den Brief von ihrer Oma. <u>Er</u> (S) <u>schickt</u> (P) seiner Oma ein Paket.	

Lernstandserhebung 2

durchgeführt am _____

Aufgabe	Niveau	Fähigkeiten, Fertigkeiten und Kenntnisse	Lösungen	Beobachtungen und Notizen
1	2, 3	• Prinzip der Wortfamilie und des Wortstammes kennen und anwenden • Wortbildungsprozesse kennen und anwenden • Stammmorphemkonstanz kennen und anwenden • Wortschreibungen kennen	die Freunde, der Beutel, die Zäune, die Beule, die Schläuche, die Bäume, das Feuer, die Mäuse, die Scheune, das Werkzeug, der Käufer, läuten, häufig, freundlich, träumen, heute, neulich	
2	2, 3	• Prinzip der Wortfamilie und des Wortstammes kennen und anwenden • Wortbildungsprozesse kennen und anwenden • Stammmorphemkonstanz kennen und anwenden	*bauen* *die Zäune, der Zaun, einzäunen* *die Schläuche, der Schlauch* *die Bäume, der Baum, das Baumhaus* *die Mäuse, die Maus, die Mausefalle* *die Käuferin, kaufen, das Kaufhaus* *läuten, der Laut, laut, lauter, am lautesten* *häufig, häufiger, der Haufen* *träumen, der Traum, die Träume, der Träumer*	

Niveaustufen: **1** = „Wiedergeben" → erfordert grundlegende Fähigkeiten   **2** = „Zusammenhänge herstellen" → erfordert erweiterte Fähigkeiten   **3** = „Verallgemeinern, reflektieren und beurteilen" → erfordert fortgeschrittene Fähigkeiten

Auswertungsbogen Lernstandserhebungen Deutsch Sprache, Klasse 4

Lernstandserhebung 2

durchgeführt am _____

Aufgabe	Niveau	Fähigkeiten, Fertigkeiten und Kenntnisse	Lösungen	Beobachtungen und Notizen
3	2, 3 / 3	• Wortfelder kennen • Wortbedeutungen kennen und deren Zusammenhänge erkennen	spazieren · laufen trotten · eilen hasten · marschieren trödeln · hetzen · rennen · schlendern	
4	2, 3 / 3	• Prinzip der Wortfamilie und des Wortstammes kennen • Wortbildungsprozesse kennen	reizbar, brennbar, drehbar, tragbar, essbar, verwertbar	
5	2	• Auslaut im Stammmorphem bestimmen können	der Honigtopf, der Berggipfel, das Landhaus, der Waldweg, die Staubwolke, der Raubvogel, die Landkarte, der Flugplatz, der Diebstahl	
6	3	• einen Text auf Rechtschreibfehler überprüfen • Rechtschreibregelmäßigkeiten kennen und überprüfen	preis Kostenloses liekt · aufgeregt gewohnen kino	
7	3	• Wortschreibungen überprüfen • Rechtschreibungen begründen können • Rechtschreibregelmäßigkeiten kennen und anwenden • Rechtschreibstrategien anwenden	Preis: Nomen werden großgeschrieben kostenloses: Adjektive werden kleingeschrieben liegt: liegen wird mit g geschrieben Aufgeregt: Am Satzanfang wird großgeschrieben gewonnen: Einem kurzen (betonten) Vokal folgt ein doppelter Konsonant Kino: Nomen werden großgeschrieben	

Niveaustufen: 1 = „Wiedergeben" → erfordert grundlegende Fähigkeiten   2 = „Zusammenhänge herstellen" → erfordert erweiterte Fähigkeiten   3 = „Verallgemeinern, reflektieren und beurteilen" → erfordert fortgeschrittene Fähigkeiten

Auswertungsbogen Lernstandserhebungen Deutsch   Sprache, Klasse 4

Name: _____   Klasse: _____

durchgeführt am _____

Lernstandserhebung 3

Aufgabe	Niveau	Fähigkeiten, Fertigkeiten und Kenntnisse	Lösungen	Beobachtungen und Notizen
1	1, 2	• Prädikat bestimmen • Nach dem Prädikat fragen	Maike <u>wohnt</u> in der Parallelstraße. Sie <u>hat</u> einen Hund. Prädikat	
2	1, 2	• Subjekt bestimmen • Nach dem Subjekt fragen	<u>Elli und Maike</u> gehen mit Theo spazieren. Auf dem Weg treffen <u>sie</u> Mustafa. Subjekt	
3	1, 2	• Objekt bestimmen • Nach dem Objekt fragen	Dann streichelt er <u>Theo</u>. Am Kiosk trinken sie <u>eine Limonade</u>. Objekt	
4	2, 3	• Wortarten bestimmen • Regeln der Worttrennung kennen	Nomen/Substantive: Wan-der-tag, Wet-ter, Kat-ze, Kis-te, Trau-ben-saft Verben: spa-zie-ren, schrei-ben, ko-chen, le-sen, trin-ken Adjektive: kräf-tig, reg-ne-risch, ko-misch, hung-rig, teu-er	
5	2, 3	• Prinzip der Wortfamilie und des Wortstammes kennen • Wortbildungsprozesse kennen • Mehrzahlbildung	Geheimnis, Geheimnisse Erlebnis, Erlebnisse Gefängnis, Gefängnisse Hindernis, Hindernisse	
6	2, 3	• Wörtliche Rede mit nachgestelltem Begleitsatz bilden können • Zeichensetzung bei nachgestelltem Begleitsatz kennen	„Hallo Lina! Schön, dich zu sehen! Wie geht es dir?", sagt Jonas überrascht. „Gut! Und wie geht es dir?", antwortet Lina. „Hurra! Wir haben gewonnen!", ruft Luca freudig. „Ich rufe sofort Jarno an! Das müssen wir ihm erzählen!", sagt Christin ganz aufgeregt.	

Niveaustufen: **1** = „Wiedergeben" → erfordert grundlegende Fähigkeiten   **2** = „Zusammenhänge herstellen" → erfordert erweiterte Fähigkeiten   **3** = „Verallgemeinern, reflektieren und beurteilen" → erfordert fortgeschrittene Fähigkeiten